# NOTICE BIOGRAPHIQUE

SUR

## M. LE COMTE

# DE GUERNON-RANVILLE

ANCIEN MINISTRE

par

## M. BOULLÉE

ANCIEN MAGISTRAT

CAEN

CHEZ F. LE BLANC-HARDEL, IMPRIMEUR-LIBRAIRE
RUE FROIDE, 2

1867

# NOTICE BIOGRAPHIQUE

SUR

# M. LE C<sup>TE</sup> DE GUERNON-RANVILLE,

ANCIEN MINISTRE.

Ce n'est point ici un éloge académique, genre essentiellement faux et dangereux, contre lequel je me
suis toujours élevé. Si parfois cette notice revêt les
couleurs du panégyrique, mes lecteurs voudront bien
en accuser mon sujet lui-même, qui m'a laissé si
peu à reprendre et tant à louer. Peut-être semble-t-
il juste de faire honneur de cette immunité à la
position secondaire que M. le comte de Guernon-
Ranville a occupée dans la magistrature .et le gouvernement de son pays. Probablement, dans un poste
plus éminent, eût-il offert avec des qualités plus
éclatantes, plus de prise aux contradictions des partis
contemporains. Peut-être aussi faut-il tenir compte
de ce que le caractère généralement si irrépro-
chable du conseiller de Charles X n'avait point
subi la périlleuse épreuve des révolutions, qui, depuis
quelques années, se sont succédé parmi nous. Quoi
qu'il en soit, le vaste champ des conjectures n'est
point dans le domaine du biographe. Constater sans
dissimulation et juger sans parti pris les faits pro-

pres à son personnage, n'exagérer ni l'éloge ni le blâme, se souvenir enfin que « le vrai est ce qu'il peut » : voilà le rôle modeste et réellement utile qui lui appartient, et dans lequel j'ai exclusivement aspiré à me renfermer (1).

------

> Non elatus prósperis,
> Non adversis fractus.
>
> D'AGUESSEAU.

Au milieu du choc des partis politiques, il n'est point de spectacle plus digne d'intérêt et de respect que celui d'un homme de bien, invariablement fidèle à la cause qui reçut ses premiers serments, et dominant les vicissitudes et les revers de cette cause de toute la hauteur de son dévouement. A ce sentiment si recommandable par lui-même, s'il joint une sagesse assez calme pour en régler les inspirations, une intelligence assez éclairée pour le féconder dans un esprit conforme aux nécessités de son temps, avec le courage de confesser au jour du péril cette unité si rare de sa croyance et de sa vie, honneur à un tel homme ! il aura ajouté quelques nobles pages aux annales de la dignité humaine.

Qui pourrait, à ces traits, méconnaître l'éminent compatriote dont cette contrée porte le deuil récent,

------

(1) Cette note préliminaire a été ajoutée par l'auteur à la biographie que l'on va lire, et qui est extraite des *Mémoires* de l'Académie impériale des sciences, arts et belles-lettres de Caen ; volume de 1867.

et qui, par la solidité de son mérite, par l'éclat des hautes positions qu'il avait occupées et l'élévation de son caractère, s'y était acquis une si universelle et si légitime considération ?

Mais ce n'est pas par les éloges suspects d'une longue amitié qu'il convient de louer le regretté confrère dont cette Compagnie, d'accord avec sa volonté dernière, m'a confié la mission de l'entretenir : c'est par le récit d'une vie laborieuse, utile, qui sut garder en toute rencontre le sentiment du devoir, et supporter honorablement la double épreuve de la puissance et de l'adversité.

Martial-Annibal (1), comte de Guernon-Ranville, naquit à Caën le 2 mai 1787. Il était le second fils d'un gentilhomme appartenant à la noblesse la plus ancienne et la moins fortunée de la Normandie. Son père, mort dans les derniers jours de décembre 1829, avec le grade de chef d'escadron, avait servi dans l'une des compagnies des mousquetaires noirs de la maison militaire de Louis XVI.

M. de Guernon-Ranville s'engagea volontairement, en 1806, dans les vélites de la garde impériale; mais, bientôt réformé pour cause de myopie, il entreprit l'étude du droit, fut reçu en 1812 docteur à la faculté de Paris, et vint plaider avec distinction au barreau de Caen, jusqu'au mois de mars 1815.

_______

(1) Voici les nombreux prénoms de M. de Guernon-Ranville, dont l'assemblage formait, comme on va voir, un sens calculé : *Martial-Côme-Annibal-Perpétue-Magloire.* Ces jeux de mots patronymiques étaient, dit-on, fort en usage dans certaines familles titrées de la Normandie.

La révolution des Cent-Jours interrompit ces favorables débuts. Le jeune légiste, qui s'était prononcé chaleureusement en 1814 en faveur des Bourbons, formula un vote énergique contre l'acte additionnel, et se rendit à Gand, auprès du roi Louis XVIII, à la tête d'une compagnie de volontaires royalistes. Il passa bientôt à Londres, où le duc d'Aumont, qui préparait un débarquement sur les côtes de France, lui fit conférer le titre de capitaine de la compagnie d'élite des volontaires royaux. Ce fut en cette qualité que M. de Guernon-Ranville prit terre au petit bourg d'Arromanches, dans le mois de juin, peu de jours avant la bataille de Waterloo. L'état-major de l'expédition se composait de 130 officiers, auxquels échut la mission de maintenir ses intelligences avec l'intérieur de la province : mission périlleuse à cause de la surveillance exercée par les troupes du général Védel, qui en occupaient les abords. M. de Guernon-Ranville fut spécialement chargé d'entrer en négociation avec le général, qui voulait défendre la ville de Bayeux, au nom de Napoléon, contre la garde nationale de cette ville et la population généralement royaliste du Calvados. Par un mélange heureux de conciliation et de fermeté, le jeune parlementaire réussit à calmer les dispositions fort exaltées des officiers et des soldats, et, à la suite des pourparlers, où sa sécurité personnelle fut plus d'une fois menacée, il obtint la remise pacifique de cette partie du territoire au duc d'Aumont, appelé par le Roi au commandement militaire de la division.

Ces actes de dévouement valurent à M de Guernon-Ranville une attestation flatteuse du conseil d'administration du bataillon de volontaires auquel il appartenait, et, plus tard, sa promotion au grade de capitaine dans la légion du Calvados. Mais l'insuffisance de sa fortune ne lui permettait pas de suivre la carrière militaire. Il préféra reprendre l'exercice du barreau, et ne recueillit de cette courte campagne que le dispendieux honneur d'un sacrifice de six mille francs, dont il ne fut jamais indemnisé.

La position personnelle de M. de Guernon-Ranville, l'intelligence et l'activité de son esprit, sa haute aptitude pour les affaires, le signalaient naturellement comme un sujet précieux pour la magistrature. Une circonstance particulière hâta cette adoption. La promulgation du Code civil, en substituant le droit unitaire à la vieille Coutume de Normandie, avait amené des complications d'intérêt immenses et soulevé des questions transitoires pleines de difficulté. Le tribunal de Bayeux se trouvait ainsi surchargé d'une énorme quantité de causes arriérées. Cet état de choses, entretenu par d'astucieuses chicanes et par l'indolence des magistrats, paralysait, en quelque sorte, le cours de la justice dans ce ressort, le plus riche du département. Les chefs de la Cour royale de Caen jugèrent que M. de Guernon-Ranville, par son zèle, son expérience et sa fermeté, pourrait mettre un terme à cette fâcheuse situation; ils lui firent accepter, au mois de décembre 1820, la présidence de ce tribunal.

M. de Guernon-Ranville fit preuve de désintéressement en se confinant dans un poste dont les modestes émoluments étaient loin de compenser le sacrifice de sa clientèle. Mais il fit preuve surtout d'un excellent esprit, en surmontant l'antique indifférence de l'aristocratie française pour l'exercice de la magistrature. Il fut ainsi un des premiers dont l'exemple ouvrit la carrière judiciaire à une caste faite pour l'honorer, plus tard, par le double éclat de son rang social et de ses talents.

Le nouveau magistrat justifia amplement les prévisions de ses chefs, et son passage au siége de Bayeux fut un véritable bienfait pour les justiciables, dont les intérêts étaient depuis si longtemps en souffrance. En moins de deux ans, il fit juger près de trois mille procès arriérés ; l'administration de la justice, sous son impulsion puissante, reprit une marche régulière, et les affaires courantes furent désormais affranchies de tout retard abusif.

Ces premiers services devinrent, pour M. de Guernon-Ranville, la source d'un avancement rapide. Il fut promu, le 11 décembre 1822, à la place d'avocat général à la Cour de Colmar, poste non plus important, mais plus brillant que celui d'une présidence d'arrondissement, et qui mit en relief toutes les ressources de cette organisation privilégiée.

M. de Guernon-Ranville, qui avait occupé deux ans à peine le siége de Bayeux, ne fit que traverser le parquet de Colmar, et, le 16 avril 1823, il fut appelé aux fonctions de procureur général à la Cour royale de Limoges.

J'ai retrouvé une trace intéressante de son exercice dans la patrie de l'immortel chancelier d'Aguesseau. C'est le discours qu'il prononça, le 25 août de cette année, pour l'entérinement des lettres de commutation de peine accordées par le roi Louis XVIII à deux condamnés pour crimes de vol et de faux :

« Il n'eût point suffi au Roi législateur, dit à cette occasion le nouveau procureur général, d'épancher les trésors de sa bonté sur quelques sujets égarés : il voulut, en faisant tourner à l'avantage des mœurs l'exercice du droit de pardonner les coupables, y puiser les éléments de la félicité publique... Les maisons destinées à renfermer les condamnés, dont la peine se bornait à la privation temporaire de la liberté, étaient de funestes écoles où se développaient tous les germes de la corruption... Sur les portes de ces lieux de désolation, l'imagination épouvantée croyait lire ces mots terribles : *Vous qui entrez ici, renoncez à l'espérance !* Aujourd'hui (1), l'oisiveté a disparu de nos prisons, et avec elle les vices qu'elle devait nécessairement enfanter; un travail sagement dirigé, en procurant aux condamnés un adoucissement présent, leur ménage encore pour l'avenir une ressource contre les horreurs du besoin, qui jadis les saisissait à leur rentrée dans la vie civile... »

L'orateur terminait son éloquente allocution par ces paroles, où respire un sentiment si profond d'humanité : « Appelé, disait-il, au soin de recueillir et de transmettre au ministre du Roi les témoignages et les vœux du repentir; chargé d'annoncer le pardon après avoir poursuivi le crime et provoqué la peine, combien cette consolante mission nous dédommage des rigueurs habituelles de notre ministère ! Combien,

---

(1) Allusion aux diverses ordonnances rendues pour l'amélioration du régime intérieur des prisons, notamment en 1817, 1818, 1819, etc.

dans ces jours d'indulgence, nous sommes heureux et fier d'être auprès de vous l'organe de la volonté souveraine ! »

Après avoir dirigé pendant trois ans le parquet de Limoges, M. de Guernon-Ranville fut nommé, le 21 juillet 1826, procureur général près la Cour royale de Grenoble. L'importance spéciale de ce siége, situé au sein d'un département connu par l'indépendance traditionnelle de ses opinions politiques, le convia à dessiner d'une manière plus accentuée le caractère de son dévouement au régime de la Restauration. Il le fit avec cette expression de franchise qui constitua invariablement le trait distinctif de sa parole et de ses actes, soit dans l'exercice du ministère public, soit, plus tard, dans le maniement des hautes affaires de l'État. L'occasion lui en fut naturellement offerte par sa nomination à la présidence du collége de la Tour-du-Pin, lors du renouvellement électoral de 1828.

« En matière d'élection, dit-il, la liberté n'est pas seulement un droit, elle est un devoir : chacun de vous est invité à émettre un vœu spontané, à manifester le droit libre de sa conviction, et il se rendrait indigne de cette noble prérogative, l'électeur qui, cédant à des suggestions étrangères, en aliénant son indépendance au profit de l'intrigue, tracerait un vote qui ne serait pas celui de sa conscience.

« Telle est la liberté dont nous vous adjurons de faire usage, telle est la légalité électorale. Mais ce vote, que nous vous demandons, doit encore être préparé par de sages méditations et dirigé par des considérations de l'ordre le plus élevé.

« Pénétrés de cette vérité fondamentale, que la gloire et le bonheur de la patrie sont inséparables de la légitimité, image sacrée et première garantie de l'hérédité dans les familles , vous exigerez de votre mandataire un dévouement absolu à l'auguste dynastie qui fonda nos libertés. Convaincus que *la Charte constitutionnelle est la pierre angulaire sur laquelle repose le trône,* et que les franchises nationales sont les plus beaux ornements et les plus fermes appuis de la couronne , vous ne confierez la défense de vos intérêts qu'au citoyen connu par un amour loyal et sincère pour les institutions que nous devons à la Restauration. »

Les circonstances n'appelèrent point M. de Guernon-Ranville à déployer l'exercice de son ministère dans ces causes politiques, où le magistrat n'achète souvent une renommée passagère qu'aux dépens de son repos ; où il ne recueille quelquefois pour prix de son dévouement que la haine des factions qu'il a démasquées : le procureur-général traversa sans orages cette contrée si agitée en 1815 et en 1816, et même dans les années postérieures. Mais il y fortifia sa réputation d'administrateur habile , d'intègre et zélé dispensateur de la justice, et lorsque M. Courvoisier fut appelé à siéger dans le dernier cabinet de Charles X, en qualité de garde des sceaux, ce fut M. de Guernon-Ranville qui lui succéda , le 26 août 1829, à la tête du parquet de la Cour royale de Lyon.

Le discours qu'il prononça, pour son installation , constitua une véritable profession de foi politique, et mérite d'autant plus d'être signalé, que ce fut la der-

nière, occasion où il eut à porter la parole avant sa
promotion au ministère.

Voici les passages les plus caractéristiques de ce
discours :

« Je ne protesterai pas de mon attachement reli-
gieux au gouvernement royal... Mais je dois repousser le reproche banal d'exaltation que les
ennemis du trône ne se lassent pas d'adresser à ses
fidèles serviteurs... Ils disent que je veux la *contre-
révolution!*..... Où prétendent nous conduire ceux
qui, sous le gouvernement des Bourbons, osent évo-
quer de pareils fantômes ? Je ne veux pas chercher à
pénétrer leurs projets , mais je m'explique sans
détour. Oui , je suis l'ennemi , l'irréconciliable
ennemi des doctrines révolutionnaires ; je bénis les
heureuses réformes projetées par le roi-martyr, hautement annoncées dans son immortelle déclaration du 23
juin et réalisées par son auguste frère ; mais je
hais, comme l'homme de bien sait haïr le crime ,
cette révolution d'épouvantable mémoire qui couvrit
notre patrie d'échafauds et de spoliations.

« Après vous avoir parlé de mon dévouement
aux doctrines monarchiques , est-il nécessaire de
vous entretenir du sentiment qui me lie aux institutions dont le Roi législateur voulut doter la France
régénérée , et qui forment avec la monarchie un
tout tellement indivisible, que la seule pensée de
les en séparer serait criminelle à mes yeux ? Je
les chéris, ces institutions, parce qu'elles sont une
libre émanation du pouvoir légitime. Vous dire mon
respect et mon attachement pour la Charte constitutionnelle , c'est vous faire assez connaître avec

quelle sévérité j'exercerais les rigueurs de mon
ministère contre les imprudents qui tenteraient d'y
porter atteinte, soit par des attaques directes, soit
par des moyens détournés. »

On remarquera dans ce langage un caractère de
personnalité peu conforme sans doute aux traditions
austères de la magistrature. Mais il faut se pénétrer
des circonstances politiques dans lesquelles l'orateur
eut à le tenir. Un exposé sommaire de ces circonstances
me servira naturellement d'introduction au récit de la
carrière ministérielle de M. de Guernon-Ranville, de
cette carrière qui, après s'être inaugurée sous de
si favorables auspices, ne devait être qu'une rapide
et orageuse transition aux solitudes de Ham.

Le ministère de Villèle s'était affaissé à la fin de
1827 sous le poids d'un délaissement moins expli-
cable par des fautes graves que par la proportion
insolite de sa durée. Ce cabinet avait, à tout prendre,
avantageusement et honnêtement conduit les affaires
du pays sans attenter à ses libertés essentielles. Je
ne veux rien retrancher aux souvenirs de popularité
qui protègent l'administration qui lui succéda, non
plus qu'à la valeur individuelle de ses membres et à
la droiture incontestable de leurs intentions. Mais
cette combinaison, prise dans la nuance la plus tem-
pérée du parti royaliste, offrait le grand désavantage
de débiliter le pouvoir royal sans lui rendre dans la
faveur populaire l'équivalent des concessions auxquelles elle l'entraînait. Mieux eût valu un cabinet
choisi dans la fraction conservatrice de la gauche,
dont l'origine aurait désarmé les préventions réelles

ou affectées de l'opinion publique. Qui peut douter que les chefs de cette fraction ambitieuse ne se fussent employés avec zèle à fortifier un régime adopté par l'immense majorité du peuple français, pleinement assorti, selon un bon juge, aux besoins du pays (1) et qui puisait dans l'excellence et la fixité de son principe l'heureux privilége de mesurer à la France, impunément pour elle et pour lui, une proportion de liberté qu'elle n'avait jamais connue! Charles X répudia ou méconnut la valeur d'une telle transformation, pratiquée avec habileté et discernement. Il renonça ainsi à la chance de salut, sinon la plus infaillible, au moins la plus probable pour le pouvoir royal, également ébranlé par ses amis et par ses ennemis.

Le ministère de 1828 disparut, laissant pour trace de ses impuissants efforts cette prédiction sinistre : *Nous marchons à l'anarchie !* Profondément dégoûté d'un système de condescendance qui n'avait procuré aucune force à la royauté, Charles X résolut de faire un appel exclusif au dévouement. Il groupa autour de lui, comme pour un effort suprême, quelques fidèles serviteurs recrutés dans tous les rangs du parti monarchique, espérant franchir avec leur concours l'étroite impasse où sa couronne se trouvait engagée.

Telle était la situation, lorsque le magistrat qui fait l'objet de cet écrit prononça devant la Cour de Lyon le discours que je viens de rappeler. M. de Guernon-Ranville avait, de tout temps, donné trop de preuves d'attachement à la cause royale pour négliger une occasion aussi solennelle d'en confirmer l'expression.

(1) *Mémoires* de M. Guizot, t. 1er, p. 311.

Sa manifestation empruntait à la gravité des conjonctures toute la séduction d'un acte de courage. Cette déclaration de principes si nette, si ferme, mais si constitutionnelle, eut un grand retentissement. Elle contribua, selon toute apparence, à fixer sur lui l'attention du principal conseiller de Charles X, qui, dès les premiers jours de novembre 1829, fit pressentir M. de Guernon-Ranville sur ses dispositions à entrer dans la nouvelle administration.

Avant d'accéder à cette ouverture, M. de Guernon-Ranville crut devoir au prince de Polignac, dans la personne de son intermédiaire, une franchise égale à celle dont il avait fait preuve devant la Cour de Lyon. Frappé des défiances universelles qu'inspirait le ministère du 8 août, il protesta hautement de son respect pour la Charte, qu'il appela son *Évangile politique*, et « au maintien de laquelle était attaché le salut de la France. » Cette profession de foi, dit plus tard le commissaire instructeur de la Cour des pairs, « ne fut point un obstacle à son entrée au ministère, » et, par ordonnance du 18 novembre 1829, il fut appelé au département de l'instruction publique et des affaires ecclésiastiques. Dénué d'ambition, profondément attaché à ses fonctions judiciaires, et, mesurant son insuffisance au poids du fardeau qui lui était imposé, M. de Guernon-Ranville avait supplié vainement le négociateur de M. de Polignac de détourner de lui *ce calice d'amertume*, et ne céda que par dévouement pour le Roi, « auquel il avait consacré son existence (1). »

_______________

(1) Lettre à M. Rocher, du 14 novembre 1829, produite par ce

En s'associant à l'administration du 8 août, M. de Guernon-Ranville fut touché plus vivement du défaut d'homogénéité qui avait présidé à sa formation que de la signification excessive de quelques-uns des noms qui s'y rencontraient. Le personnage réputé naguères le moins favorable aux idées constitutionnelles de 1814 y coudoyait, dans M. Courvoisier, le défenseur ardent des doctrines du centre gauche, et cet amalgame hétérogène recevait de la présence du défectionnaire de 1815 l'expression la plus irritante. Un tel assemblage n'était guère propre à dissiper les appréhensions du nouveau ministre. Aussi crut-il devoir remettre au chef du conseil, dès le 15 décembre, moins d'un mois après son avènement, une Note dans laquelle il avait consigné le programme de ses sentiments politiques et des principes sur lesquels il se proposait de régler sa conduite. Cette Note contenait les deux passages suivants, qui en font suffisamment connaître le but et l'esprit.

Le ministre, agitant l'hypothèse de la convocation

témoin au procès des ministres devant la Cour des pairs. — Je crois devoir, dans l'intérêt de la mémoire du prince de Polignac, compléter cette citation par un passage que j'extrais d'une lettre *confidentielle* écrite peu de jours avant au comte de Guernon-Ranville par M. Rocher. Interrogé par le prince sur l'état des croyances religieuses de M. de Ranville, M. Rocher répondit que, « sans être doué de cette piété qui se rencontre rarement chez les hommes de son âge, son ami était attaché à toutes les doctrines d'ordre, et qu'il avait au plus haut degré la religion des gens de bien. — « Il regarde, répliqua le prince, la religion comme la base de l'ordre public, *je n'en demande pas davantage.* » Quelques jours plus tard, M. de Guernon-Ranville était ministre de Charles X.

d'une nouvelle Chambre, formée en vertu d'une ordonnance électorale et suspensive de la liberté de la presse, s'exprimait ainsi :

« Je ne sais si cette démarche sauverait la monarchie ; mais ce serait un coup d'État de la plus extrême violence , ce serait la violation la plus manifeste de l'art. 35 de la Charte , ce serait la violation de la foi jurée... Les partisans du coup d'État pensent que la mesure indiquée n'exciterait aucun soulèvement sérieux. Je reconnais qu'en ce moment les masses sont calmes, et ne prennent aucune part active aux débats politiques. Mais que faudrait-il pour les ébranler... ? Et peut-on raisonnablement affirmer que la classe moyenne, qui touche par mille points à la masse, ne pourrait au besoin soulever une tempête, dont le plus hardi n'oserait prévoir l'issue ? Au reste, une réponse péremptoire , selon moi , à tous ces raisonnements plus ou moins fondés en fait, c'est que les mesures dont il s'agit seraient contraires à la Charte. Or , on ne viole jamais les lois impunément , et le gouvernement assez fort pour se mettre un moment au-dessus de la loi fondamentale , s'il obtient un succès passager , compromet pour un temps plus ou moins éloigné, ses plus précieux intérêts. »

La pratique des affaires amena plus tard, comme il arrive presque toujours aux hommes politiques, certains tempéraments à ces doctrines absolues. Au surplus, les alarmes de M. de Guernon-Ranville étaient prématurées. Il est constant, en effet, que le projet d'une déviation quelconque de la Charte n'était sérieusement entrée jusqu'alors dans la pensée d'aucun des membres du gouvernement.

M. de Ranville a laissé sur son exercice ministériel un document précieux et original, dont sa confiance a bien voulu me rendre dépositaire depuis plusieurs années, et qui me servira souvent de guide dans la suite de cette Notice : c'est le journal des délibérations du conseil de Charles X, rédigé par le ministre lui-même dans toute la fraîcheur de ses impressions et de ses souvenirs. Est-il besoin d'insister sur la valeur d'un tel témoignage, émané d'un observateur qui garda toujours, au milieu même des contentions les plus animées, la rectitude et la clairvoyance de son jugement ? Ajoutons rapidement que ce trésor historique dut son salut, lors des événements de 1830, à la sollicitude de M. Veyssière, chef de cabinet du ministre, qui s'en empara au moment où l'hôtel allait être envahi par l'insurrection populaire. Rappelons enfin que ce précieux autographe doit être déposé un jour, d'après la volonté formelle de l'illustre testateur, dans la bibliothèque publique de sa ville natale.

M. de Guernon-Ranville marqua, dès le début de sa carrière ministérielle, les vues progressives dont il était animé et le caractère d'initiative qu'il entendait y déployer (1).

(1) La promotion ministérielle de M. de Guernon-Ranville fut, comme on devait s'y attendre, le signal de vives hostilités auxquelles ses compatriotes ne demeurèrent pas étrangers. Le *Pilote du Calvados* inséra un article injurieux et diffamatoire contre le nouveau ministre, et fut, pour ce fait, condamné à quinze jours d'emprisonnement par le tribunal correctionnel et par la Cour royale de

Un de ses premiers soins fut de proposer un prix de dix mille francs pour l'auteur du meilleur ouvrage élémentaire applicable à l'instruction primaire. Cet appel était accompagné d'un programme circonstancié, conçu dans les vues les plus sagement libérales. Mais le nouveau ministre se signala bientôt par un autre acte d'une importance supérieure, et qui suffirait pour attacher à son nom la plus honorable célébrité. Je veux parler de l'ordonnance qu'il fit rendre le 14 février, non sans une assez vive opposition de plusieurs membres du conseil, pour assurer la diffusion immédiate de l'enseignement primaire dans toutes les communes de la France.

Cette ordonnance, composée de quinze articles, était précédée d'un rapport au Roi, destiné à en motiver les dispositions. M. de Ranville y rappelait que « l'instruction primaire avait été un des premiers et des plus touchants bienfaits de la Restauration, » dont la sollicitude à cet égard s'était manifestée par plusieurs actes de l'autorité royale, et récemment par l'ordonnance que M. de Vatimesnil avait fait rendre pour la réorganisation de cet enseignement. Mais ces mesures étaient demeurées encore insuffisantes, et le ministre ne voyait aucun moyen plus efficace pour répandre l'enseignement dans les classes populaires, « l'un des besoins, disait-il, les plus vivement sentis de notre époque, » que d'intéresser à cette œuvre l'intelligence et la libéralité des conseils

Caen. Aussitôt que M. de Ranville eut connaissance de cet arrêt, il s'empressa de provoquer et de faire prononcer la remise de la peine de l'emprisonnement.

municipaux et départementaux. Il était en outre indispensable de porter annuellement, au budget de
l'État, une subvention régulière suffisante pour encourager le développement continu de l'instruction
primaire. Telles étaient en effet les principales dispositions de l'ordonnance du 14 février, en y joignant
la faculté attribuée aux conseils municipaux de faire
conférer cette instruction gratuitement aux enfants
dont la situation justifierait cet avantage, et l'établissement d'écoles modèles préparatoires pour former
des instituteurs.

L'ordonnance du 14 février, monument de la plus
sage prévoyance, est demeurée le point de départ de
tout ce qui s'est fait d'utile depuis lors dans l'instruction
primaire, et l illustre auteur de la loi de 1833, devenue
en quelque sorte le code de cette matière, l'a si-
gnalée comme remarquable, « non-seulement par
les prescriptions pratiques, mais par les idées et les
sentiments dont l'expression officielle les accompagnait (1). »

La sollicitude de M. de Guernon-Ranville pour l'extension de l'enseignement primaire ne se borna point
à ces premiers encouragements.

Par une autre ordonnance du 1er avril suivant, il
fit instituer, sur les fonds de l'État, des pensions au
profit des veuves des membres de l'Université, mariés
depuis cinq ans au moins à l'époque de leur décès.

Les événements politiques entravèrent malheureusement le cours de ces dispositions tutélaires. Il est
temps de suivre le généreux ministre, pour ne plus

_______

(1) *Mémoires de M. Guizot*, t. II, ch. XVI.

le quitter, sur cette orageuse scène où devait s'affirmer avec tant d'éclat, mais avec un éclat si malheureux, son attachement à la royauté et aux institutions qu'elle avait données à la France.

Les ministres discutèrent, sur la fin de février, le projet du discours que Charles X aurait à prononcer à l'ouverture de la session législative. M. de Ranville objecta que le paragraphe dans lequel le Roi se déclarait disposé à réprimer, *par son pouvoir et sa volonté,* les coupables manœuvres qui pourraient menacer son gouvernement, présentait un sens trop absolu. Il demanda que le concours des Chambres fût nommément rappelé dans ce passage, afin d'écarter toute supposition ou tout prétexte fâcheux de la part de l'opposition.

Cette addition si prudente et qui, en prévenant l'Adresse des 221, eût conjuré probablement une révolution, ne put prévaloir. Étrange dispensation des destinées humaines ! Auteur et défenseur opiniâtre du paragraphe qui prêtait une couleur dictatoriale à la résistance éventuelle de la couronne, M. Courvoisier emporta dans sa retraite toute la faveur de l'opinion publique ; et le sage, mais ferme défenseur des droits constitutionnels devait être frappé d'une captivité perpétuelle par le pouvoir même que la révolution allait inaugurer en leur nom ! C'est à la fois un devoir et une satisfaction pour l'histoire d'avoir à rectifier de telles aberrations.

La fatalité déplorable d'une indisposition de M. Courvoisier et l'incapacité oratoire du prince de Polignac firent retomber sur M. de Guernon-Ranville presque tout le poids du débat de l'Adresse à la Chambre des députés. Son argumentation, qu'il exposa d'une voix ferme et accentuée, embrassa exclusivement la question essentielle, celle de la prérogative royale dans ses rapports avec la puissance parlementaire.

« Le pouvoir des Chambres se borne, dit-il, à la discussion et au vote des lois qui leur sont présentées ; elles peuvent même provoquer l'action législative de la couronne : mais là s'arrête leur intervention dans les affaires du pays. A la vérité, par le vote des lois, les Chambres exercent une influence immense dans toutes les parties de l'administration et sur l'existence même des ministres ; mais cette influence n'est jamais qu'indirecte, et c'est une intervention fort directe qu'on vous propose d'exercer aujourd'hui dans ce que l'action du gouvernement a de plus intime. On vous propose, en un mot, de déclarer qu'il y a incompatibilité entre vous et des hommes dont vous ignorez les doctrines et les principes politiques, dont vous ne voulez point même examiner les actes : une telle résolution serait destructive de la monarchie constitutionnelle. » Le ministre se demandait ensuite quels procédés coupables avaient suscité une réprobation si éclatante de la part de la Chambre, quelles accusations précises s'élevaient contre le cabinet, soit au sein, soit en dehors de cette Chambre. « Les signes les moins équivoques, ajouta-t-il, attestent que jamais les libertés publiques et individuelles ne furent plus respectées. Marchant dans toute sa force et avec une indépendance qui souvent approche de la licence, le peuple a secoué toute espèce d'entraves ; les sources de la prospérité publique semblent s'élargir chaque jour ; les impôts qui, par leur nature, sont les symptômes irrécusables de cette prospérité, acquièrent un accroissement de produit remarquable ; le crédit public se développe et se fortifie au-delà de tout ce qu'on avait le droit d'espérer. Dans un tel état de choses, à quelles marques pourrait-on reconnaître que les ministres du Roi sont indignes de votre confiance, et ont cessé de mériter celle du Roi et de la nation ? »

M. Dupin aîné, qui lui répondit, profita habilement, dans le sens du projet d'Adresse, de la déclaration imprudente énoncée dans le manifeste de la couronne. « Quand les ministres, dit-il, en parlant des obstacles qu'on voudrait leur susciter, n'ont annoncé, pour les surmonter, que l'emploi de la force, nous avons pensé qu'il nous était permis de parler de la loi. » Mais la péroraison de son discours offrit un triste témoignage de la passion politique qui dominait alors les meilleurs esprits, et qui les rendait indociles aux inspirations les plus vulgaires du patriotisme et de la raison. « On dit que les ministres pourront proposer de bonnes lois, et qu'il faut les attendre à l'œuvre pour les juger. Eux-mêmes parlent de leurs intentions constitutionnelles. Voici ma réponse. Ces ministres, que l'opinion publique repousse, ces hommes *que mes convictions condamnent*, vinssent-ils à nous les mains pleines de bonnes lois, de ces lois que la nation attend et réclame depuis longtemps, eh bien ! je les repousserais en disant : *Timeo Danaos et dona ferentes.* Oui, eussiez-vous les mains pleines de présents, vous êtes pour nous *Danaos.* » « C'est ainsi, écrivait avec amertume M. de Ranville, au sortir de cette séance, c'est ainsi que le parti qui se dit *national* entend le gouvernement représentatif et les intérêts du peuple ! »

L'Adresse fut votée à quarante voix de majorité, et le 17 mars, veille du jour où elle devait être présentée au Roi, le conseil délibéra sur la réponse que ce prince aurait à y faire et sur la conduite ultérieure à tenir. Charles X ouvrit la séance en déclarant qu'il ne se séparerait pas de ses ministres. « Les Chambres, dit-il très-sensément, ont un moyen constitutionnel d'exprimer que le ministère ne possède pas leur confiance, c'est de repousser ses propositions ; mais elles manquent à leur devoir, elles usurpent sur la puissance royale lorsqu'elles viennent d'avance déclarer qu'elles ne veulent pas concourir avec tels ou tels ministres dont elles ne peuvent connaître les intentions. » Une déclaration aussi ferme ne laissait guère au conseil que l'alternative de dissoudre la Chambre qui la provoquait. Cette dissolution fut votée en principe avec un entraînement que ne partagea point M. de Guernon-Ranville.

Il fit remarquer que le pouvoir royal, en tentant l'épreuve de la session, conservait son indépendance au milieu des luttes prêtes à s'établir entre la Chambre et le ministère, tandis que, en se prononçant formellement en faveur de ses conseillers par une dissolution, la couronne descendrait elle-même dans la lice, et rendrait les colléges électoraux juges suprêmes de ce débat d'un nouveau caractère. En conservant la Chambre actuelle, la couronne n'épuisait point tout d'abord son action constitutionnelle, et le gouvernement évitait une épreuve dont il était difficile de prévoir les conséquences dans l'état d'irritation des esprits et en présence des déclamations effrénées d'une presse qui avait éteint en France tout respect pour la dignité royale, tout amour pour la personne même du souverain. « Cet amour, continua avec chaleur le ministre, n'est qu'une chimère... Ayons le courage de sonder cette triste plaie, et reconnaissons qu'une désaffection profonde a remplacé cet attachement dévoué que la nation eut longtemps pour ses princes. Reconnaissons et osons avouer au Roi que cette désaffection va jusque-là qu'il suffit qu'un homme soit honoré de la confiance de Sa Majesté pour devenir à l'instant même ce qu'on nomme impopulaire. Voilà les résultats des déclamations furibondes et impudemment calomnieuses du journalisme. Ce dissolvant est tellement irrésistible, que son action finirait par renverser toutes nos institutions et bouleverser le monde, si on ne parvenait à la neutraliser. La presse se vante d'avoir fait l'éducation constitutionnelle de la France : les fruits de cette éducation sont des prétentions effrénées à des droits chimériques , l'oubli de tous les devoirs et la substitution des intérêts matériels à tous les sentiments nobles. Parlez donc d'*amour* ou de *fidélité* à des peuples ainsi endoctrinés ! » « La physionomie de mes collègues pendant que je parlais ainsi, dit M. de Ranville dans son Journal, me fit sentir que j'allais trop loin, et qu'on ne disait pas ordinairement de ces choses-là dans le cabinet et

en présence du maître. J'étais donc assez honteux
et embarrassé de ma personne lorsqu'après le conseil il fallut se tenir en ligne et saluer au passage le
Roi et M. le Dauphin. Je crois que notre bon Charles X
s'aperçut de ce que j'éprouvais, car il se détourna
de son chemin pour s'approcher de moi, et, me
posant la main sur le bras avec affection, il me
dit : « Vous avez émis franchement votre opinion,
« c'est bien, c'est très-bien, il faut dire ici tout ce
« qu'on pense ; j'aime la vérité, et je veux qu'on
« me la dise sans déguisement. » Et il me pressa le
bras en me faisant un de ces signes de tête
accompagnés d'un de ces sourires de bienveillance
qui n'appartenaient qu'à lui. »

Les judicieuses observations de M. de Ranville demeurèrent impuissantes. La réponse du trône à
l'Adresse des 221 fut lue par le Roi, et les Chambres
furent prorogées au 1<sup>er</sup> septembre suivant.

Le cabinet mit ce délai à profit pour préparer les
élections futures. Le ministre de l'intérieur exposa
le besoin de fortifier l'influence du gouvernement,
en éliminant de la haute administration les fonction-
naires qui pourraient la contenir ou l'affaiblir.
MM. Courvoisier et de Guernon-Ranville demandèrent
que cette mesure fût restreinte aux hommes décidé-
ment hostiles, et le ministre tint compte de leurs
observations. Mais ces sévérités ne rendirent aucune
force au pouvoir. Un découragement sensible attei-
gnait les esprits les plus clairvoyants du conseil, et
M. de Ranville constatait à regret l'absence d'un
plan de conduite sagement calculé, et d'hommes ca-
pables de le défendre à la tribune parlementaire.

Unis par le lien commun du dévouement monarchique le plus pur et le plus désintéressé, les ministres étaient divisés sur les moyens de surmonter la crise actuelle, et cette désunion ajoutait encore aux embarras de la situation. MM. de Polignac, de Bourmont et d'Haussez inclinaient pour une application plus ou moins immédiate de l'art. 14 de la Charte par l'emploi de mesures extra-légales. M. de Montbel manifestait une forte répugnance, mais non pas une répugnance absolue pour le même parti. MM. de Chabrol et de Guernon-Ranville étaient d'avis qu'il fallait épuiser tous les moyens légaux de résistance avant d'en venir aux mesures extrêmes. Quant à M. Courvoisier, il se prononçait absolument contre toute résolution en dehors de la Charte, quelle que fût la composition de la nouvelle assemblée.

Le conseil délibéra le 10 avril sur l'époque à laquelle il conviendrait de réunir les colléges électoraux. M. de Ranville fut d'avis d'ajourner cette dissolution jusqu'au départ de l'expédition d'Alger, qui se préparait activement. Il fit remarquer qu'en reculant l'épreuve électorale jusqu'au dénouement de cette entreprise, on plaçait cette épreuve sous le coup d'une éventualité périlleuse, tandis qu'en la mettant sous la protection d'un premier succès, que rendait probable un ensemble de vastes mesures habilement concertées, on se ménageait une chance avantageuse malgré les efforts tentés par la presse révolutionnaire pour démonétiser d'avance les succès que l'armée pourrait obtenir.

Aucune résolution ne fut prise à cet égard. Enfin, le conseil agita l'adoption d'un plan de conduite dans la double hypothèse du retour d'une majorité favorable au Cabinet ou d'une majorité dans le sens de l'Adresse. Il fut décidé que, au premier cas, le ministère proposerait des modifications à la loi électorale et à la police actuelle de la presse périodique. Quant à la seconde hypothèse, rien ne fut arrêté : le prince de Polignac se borna à répondre que le *Roi aviserait*. Parole grave, dont le sens, encore flottant et obscur, ne devait être défini que quelques semaines plus tard.

Quelques membres du gouvernement, à tort ou à raison, attribuaient une haute influence à l'expédition d'Alger sur le sort des élections futures. Dans la séance du 20 avril, MM. de Chabrol et Courvoisier, préoccupés de cette idée, déclarèrent qu'en cas d'échec de l'expédition, il y aurait, à leur avis, de grands dangers à courir en se hasardant à de nouvelles élections, et que, dans cette éventualité, le parti le plus sage pour la couronne serait de reconstituer le ministère et de rappeler la Chambre prorogée.

M. de Ranvillé combattit énergiquement leur proposition. Rappeler la Chambre après ce qui s'était passé, c'était lui livrer le pouvoir royal sans défense, avec le grave désavantage d'un échec moral. « Je regrette, ajoutait-il, que la Chambre ait été prorogée : j'aurais voulu continuer la session commencée, et mon opinion à cet égard s'est fortifiée par la réflexion et par de nouveaux renseignements recueillis sur les dispositions des votants de l'Adresse ; mais, après l'avoir traitée avec tant de sévérité, demander à cette assemblée le concours qu'elle a hautement refusé, et le lui demander en cédant à ses exigences inconstitutionnelles, ce serait tout compromettre. »

Le ministre ajouta que, si l'expédition échouait, il lui paraîtrait convenable que le Roi renvoyât des ministres inhabiles ou malheureux, mais sans préjudice de la convocation d'une nouvelle Chambre qui, sous une autre administration, prendrait peut-être une direction plus favorable au pouvoir.

Le Conseil ne donna aucune suite aux observations de MM. de Chabol et Courvoisier.

Cette tumultueuse époque fut marquée par l'apparition d'un fléau dont le théâtre intéressait particulièrement le personnage qui fait l'objet de cet écrit. Je veux parler de cette succession d'incendies qui vint, pendant près de cinq mois, désoler les départements du Calvados, de l'Orne et de la Manche, et dont la source mystérieuse défiait toutes les conjectures et toutes les précautions. La correspondance privée de M. de Guernon-Ranville avec M. de Montlivaut, préfet du Calvados, fait foi de la sollicitude qu'ils déployèrent pour prévenir ou pour réprimer ces sauvages attentats. Ce fut sur les instances de notre illustre confrère (1) que le gouvernement fit partir pour la Normandie, sur la fin de mai, deux bataillons de grenadiers et deux escadrons de chasseurs de la garde, dont l'effet fut de ralentir graduellement la

---

(1) Ce fait est constaté par la correspondance confidentielle du préfet et du ministre que j'ai sous les yeux. Le prince de Polignac avait résisté d'abord à ce parti, de crainte de surexciter l'inquiétude des esprits par le déploiement d'un trop grand appareil militaire.

marche du fléau (1), et partant de rassurer les populations épouvantées.

Le conseil des ministres décida, dans sa séance du 20 avril, que la dissolution de la Chambre serait proclamée le 16 mai, et que la nouvelle Assemblée se réunirait le 3 août suivant. C'était une date que ne devait plus connaître l'antique monarchie de la branche aînée des Bourbons.

Cette résolution avait fourni aux dissentiments qui divisaient les membres du cabinet, l'occasion de se produire catégoriquement. Ces dissentiments éclatèrent avec tant d'évidence, que tous comprirent la

(1) M. de Montlivaut écrivait encore le 7 juin à M. de Guernon-Ranville : « Nos incendies ne finissent pas... cette persistance *satanique* est inquiétante ; si elle se prolonge jusqu'aux récoltes, nul ne peut calculer les excès qui en résulteront. » Dans une lettre précédente, le préfet attribuait ces crimes à la malveillance politique et spécialement au désir d'armer les populations, afin qu'elles fussent éventuellement en mesure de résister à la perception de l'impôt par ordonnance, si le ministère avait recours à ce parti extrême ; mais je dois ajouter qu'il ne fournissait aucune preuve ni même aucune présomption à l'appui de cette supposition.

Les mêmes conclusions sont celles d'un rapport confidentiel présenté le 29 mai 1830 au premier président de la Cour royale de Caen, par le conseiller instructeur ; mais ces conclusions sont plus vaguement exprimées et également dénuées de preuves.

Il résulte enfin d'un réquisitoire présenté à la même Cour, par le procureur-général le 14 juin 1830, que, sur 35 accusés des deux sexes traduits devant les cours d'assises, 8 furent condamnés à mort, 7 à des peines temporaires, et 20 acquittés. Aucune sentence capitale ne fut exécutée, et les 8 condamnés reçurent, à diverses époques postérieures, des lettres de commutation de peine. L'un d'eux avait été déclaré coupable de *six* incendies.

nécessité d'une modification du conseil, et s'accordèrent à déclarer l'urgence de cette modification.

Le 19 mai, MM. de Chabrol et Courvoisier furent remplacés par MM. de Peyronnet et Chantelauze, et l'on composa des travaux publics un lot ministériel qui échut au baron Capelle, un des confidents particuliers de Charles X. Informé de ces changements par M. de Polignac lui-même, M. de Guernon-Ranville témoigna sa surprise de n'avoir point partagé la fortune de MM. de Chabrol et Courvoisier, dont il partageait foncièrement les doctrines, et insista vivement pour que le roi acceptât sa démission immédiate. Le prince répondit par un refus péremptoire, et en appela au dévouement de son collègue en des termes tellement pressants, qu'il lui fallut prolonger cette servitude ministérielle et cette existence de cour, dont l'éloignaient également ses habitudes judiciaires et l'indomptable véracité de son caractère. Il m'a été donné de recueillir à ce sujet les confidences de M. de Guernon-Ranville: je puis assurer qu'il ne dépeignait jamais sans émotion la contrainte qu'il s'était imposée en ces pénibles circonstances pour ne pas contrister par un abandon intempestif l'excellent prince auquel il avait voué autant d'affection que de fidélité. Il essaya vainement de tempérer par quelques paroles de dévouement l'imperturbable optimisme de M. de Polignac, puis il se résigna. MM. Chantelauze et de Montbel avaient montré la même répugnance, l'un pour rester, l'autre pour entrer dans une voie semée de si redoutables écueils. Les brillants avantages de l'expédition d'Afrique furent cruellement balancés par les premiers résultats des opérations électorales. La victoire se déclarait de toutes parts en faveur de l'opposition. M. de Guernon-Ranville, élu député à Angers au mois de mars précédent, avec 63 voix de majorité, ne l'avait emporté cette fois qu'à un petit nombre de suffrages, et l'habile organisateur de l'expédition d'Alger avait échoué dans cinq colléges. L'imminence d'une défaite éclatante jeta le trouble et le découragement au sein du Cabinet. Charles X se montra vivement affecté du retour de la Chambre dont l'Adresse l'avait offensé, et les paroles de mécontentement et de menace que lui arracha une opposition aussi persistante, ne tardèrent pas à se formuler en projets plus ou moins définis dans la pensée de ses conseillers.

Nous rencontrons ici les premiers germes sérieux de cette grande catastrophe qui devait marquer d'une si vive empreinte le milieu du dix-neuvième siècle. Trente-six ans nous séparent aujourd'hui de la Révolution de juillet. Mais son esprit est demeuré tellement sensible dans tous les événements qui l'ont suivie, elle a exercé un tel ascendant sur les destinées intérieures et extérieures de la France et du monde, par le formidable essor qu'elle a imprimé au mouvement démocratique, qu'on ne saurait trop s'y arrêter. On me pardonnera donc de retracer avec plus de détails qu'il n'a été fait jusqu'ici l'origine et les phases du coup d'État dont la témérité malheureuse précipita l'explosion qu'il était destiné à conjurer. Ces détails éclaireront aussi le rôle considérable et si impuissant, hélas ! que remplit dans ce grand drame historique le personnage dont je retrace la vie.

Ce fut M. Chantelauze qui, dans la séance du 29 juin, ouvrit cette voie périlleuse, en indiquant à travers une certaine circonspection de langage, un ensemble de mesures exceptionnelles qui se résumaient ainsi : annuler la réélection des votants de l'Adresse ; former une Chambre nouvelle d'après un système électoral réglé par ordonnance ; suspendre entièrement le régime constitutionnel jusqu'au retour du calme et au raffermissement du pouvoir monarchique, sous la protection de l'état de siége étendu à la plus grande partie de la France.

Cette initiative si tranchée de la part d'un magistrat connu jusqu'alors par la modération de ses sentiments politiques, produisit dans le conseil une sorte de stupeur à laquelle succéda un débat régulier sur les communications qu'il venait d'entendre. M. de Guernon-Ranville, qui prit la parole, s'attacha d'abord à fixer la portée réelle de l'art. 14, ce véritable point de la discussion. Modifiant à cet égard les idées absolues qu'il avait émises dans sa Note du 15 décembre, il reconnut, avec ses collègues, que le roi « pouvait prendre toutes les mesures extra-légales qui lui paraissaient nécessaires pour sauver l'État menacé d'un danger imminent. » Mais il combattait avec force le système d'agression de M. Chantelauze, démontrant, avec toute l'autorité de la raison : que le nouveau 18 fructidor qui en faisait partie constituerait une mesure dangereuse et sans résultat ; que la dissolution de la nouvelle Chambre marquerait la précipitation la moins excusable, et qu'il serait plus hasardeux encore de casser les colléges électoraux avant d'avoir acquis la certitude de leur hostilité décidée contre la couronne.

Les autres membres du conseil gardèrent le silence. M. de Peyronnet seul déclara que, dans sa pensée comme dans celle du préopinant, le moment n'était pas venu de recourir à ces mesures extrêmes. Au sortir de cette trop mémorable séance, M. de Guernon-Ranville exhorta chaudement son collègue à persister dans l'opinion qu'il venait d'émettre, et le conseil se sépara.

Mais le caractère entreprenant de M. de Peyronnet ne lui permit pas de garder longtemps cette attitude passive et circonspecte (1). Dans la séance du 6 juillet, il communiqua au conseil le résultat de plus en plus attristant des élections connues, et en inféra l'impossibilité absolue de marcher avec la nouvelle Chambre. Il profita de l'abattement de ses collègues pour provoquer une application directe de l'art. 14, interprété dans son sens le plus impératif, et leur soumit un plan moins étendu, moins agressif que celui de M. Chantelauze, mais qui fut également écarté. Le conseil ayant toutefois reconnu la nécessité d'agir et d'agir promptement, M. de Peyronnet fit la triple proposition de dissoudre la Chambre réélue, de procéder à de nouvelles élections suivant

(1) On a beaucoup dit et répété que la courte opposition de M. de Peyronnet au système des ordonnances avait fléchi devant les instances personnelles du Roi ou du Dauphin. Tout annonce l'inexactitude de ces suppositions. M. de Guernon-Ranville affirme, dans son Journal, que le roi Charles X n'exerça sur ses ministres aucune pression dans le sens des ordonnances, et le Dauphin se montra trop médiocrement favorable à leur adoption pour chercher à désarmer par une influence quelconque le peu d'antagonisme qu'elles avaient soulevé au sein du conseil.

un système réglé par ordonnance, et de suspendre jusqu'à nouvel ordre la liberté de la presse.

Ce plan, qui fut celui que consacrèrent les ordonnances du 25 juillet, ayant été mis en délibération, M. de Guernon-Ranville reprit la parole et produisit, à l'encontre de ce système, des objections fort développées dont je vais essayer l'analyse : « Des mesures extra-légales, dit-il, ne peuvent être justifiées que par des provocations directes et violentes de l'opposition. Or, rien n'annonce que les 221 rapportent le même esprit, et puisque les colléges auxquels la couronne en a appelé les renvoient à la Chambre, il est de la sagesse du Roi de les entendre ou se justifier d'un vote irréfléchi, ou dévoiler entièrement leurs projets hostiles en persistant dans leurs premières dispositions. Alors, seulement, il y aura lieu de recourir à l'article 14, car il sera évident que tout gouvernement est impossible sans une modification profonde du système électoral. Il importe, d'ailleurs, de distinguer entre les deux fractions principales dont se composent les votants de l'Adresse : l'une, et c'est l'extrême gauche presque tout entière, a agi dans des vues purement révolutionnaires; l'autre n'a vu, dans cet engagement avec le ministère, qu'un simple débat de personnes. Cette dernière fraction est royaliste au fond, et l'on ne peut douter, qu'éclairée par la fermeté du Roi et effrayée par les progrès de l'esprit révolutionnaire, elle n'apporte à la Chambre des dispositions moins hostiles ; peut-être même est-on fondé à espérer qu'elle se résignera à prêter appui au ministère en appréciant les dangers d'une plus longue résistance : que si l'opposition réussit à morceler le budget dans des proportions sérieuses, la couronne peut y obvier par l'usage des bons royaux. Dans cette hypothèse, la prérogative royale est sauvée, et le gouvernement aura un an devant lui pour préparer une transaction honorable ou les moyens d'une lutte décisive avec le parti révolutionnaire, que cette conduite sage et mesurée, soutenue de la présentation de lois bonnes et libérales, aura mis dans tout son tort. En cas de refus du budget, tous les ressorts du gouvernement représentatif étant brisés, la conscience publique ne pourra s'élever contre l'usage que la couronne saura faire alors de son pouvoir constituant. Il lui sera facile de faire appuyer ses résolutions par des forces imposantes, dont l'emploi rendra la répression d'autant moins sanglante qu'elle aura été plus prompte et plus énergique. »

Ces judicieuses observations demeurèrent malheureusement sans succès. Le conseil décida qu'il proposerait au Roi, dès le lendemain même, de recourir aux mesures extra-légales formulées par le ministre de l'intérieur.

Le 7 juillet, le président du Conseil rendit compte au Roi, en présence du Dauphin, des résolutions qui avaient été adoptées la veille, et Charles X ayant désiré connaître l'opinion individuelle de ses conseillers sur ces graves mesures, M. de Ranville profita de cette invitation pour développer le plus méthodiquement qu'il put le système d'opposition qu'il avait formulé. Le Dauphin, qui l'avait écouté avec une attention soutenue, déclara qu'il serait très-porté à préférer ce plan comme plus légal et peut être plus sûr, mais que, la majorité en adoptant un autre, il fallait bien se ranger à l'opinion commune. Le Roi dit que, le Conseil paraissant d'accord sur le droit que lui réservait l'article 14 de la Charte, le reste n'était plus qu'une question d'opportunité. « L'esprit de la révolution, ajouta-t-il, subsiste tout entier dans les hommes de la gauche ; c'est à la monarchie qu'ils en veulent. Je n'ai sur ce point que trop d'expérience. La première *reculade* que fit mon malheureux frère fut le signal de sa perte... Je ne vous renverrai point, messieurs : d'abord, parce que j'ai pour vous de l'estime et de l'affection, mais aussi parce que si je cédais à cette exigence, ils me traiteraient comme ils ont traité mon frère. » Charles X déclara qu'il donnait son approbation aux mesures proposées, et invita ses ministres à s'occuper sans délai des moyens d'exécution. M. de Peyronnet fut chargé de préparer l'ordonnance électorale et celle qui suspendait la liberté de la presse périodique ; on confia à M. Chantelauze la rédaction du rapport qui devait servir de préambule à ces résolutions exceptionnelles, et particulièrement à l'ordonnance sur la presse.

L'Europe entière lut, quelques jours plus tard, ce document mémorable, où les plaies du corps social moderne étaient sondées d'une main si pénétrante et si sûre. Vieilli par l'exercice des fonctions judiciaires dans la pratique des hommes et des choses, l'éloquent ministre y dépeignait en traits ineffaçables cette industrie dissolvante, si ingénieuse à décolorer, au profit des factions, l'honneur, la fidélité, le patrio-

tisme, toutes les vertus civiles, et à altérer les sources
mêmes de l'histoire par les affirmations les plus in-
fidèles et les plus audacieux sophismes. Ce courageux manifeste fit sensation ; et, quoique le succès
dût manquer aux solutions qu'il motivait , aucun
hommage, dès lors et depuis, ne manqua à la hauteur des vues et à la solidité des considérations qui
y étaient développées.

Les ministres se réunirent plusieurs fois seuls, ou
en présence du Roi et du Dauphin, pour la discussion
des ordonnances projetées. L'ordonnance électorale
fut celle qui excita la plus vive opposition. M.d'Haussez
prétendit que ses dispositions étaient moins monarchiques que la législation même qu'elle serait appelée
à remplacer. M. de Guernon-Ranville , de son côté ,
blâma avec force les prescriptions incohérentes dont
elle se composait. Les propositions les plus confuses
et les plus contradictoires se croisèrent dans cette
discussion : la question du double vote, celle des
deux degrés d'élection , celle de la représentation
par masses d'intérêts furent successivement agitées.
Mais le temps pressait ; il fallait se mettre d'accord.
Quelques bruits , plus ou moins fondés , de rassem-
blements successifs au sein de la capitale et de com-
plots d'agression contre le gouvernement, achevèrent
d'entraîner les suffrages , et les projets de M. de
Peyronnet furent adoptés définitivement dans la
séance du 24 juillet. Un des ministres demanda au
prince de Polignac qui, en l'absence de M. de Bourmont , était chargé du portefeuille de la guerre,
quelles précautions militaires avaient été prises pour
assurer l'exécution des ordonnances. M. de Polignac

répondit, avec une espèce de négligence, qu'il pouvait rassembler en quelques heures dix-huit mille hommes autour de la capitale. On se sépara après quelques explications plus ou moins animées. Il fut unanimement convenu que les mesures concertées seraient soumises à la sanction des Chambres, à l'ouverture de la prochaine session, sanction invalidée d'avance par l'origine inconstitutionnelle de la Chambre élective qu'on appelait à la formuler.

Le dimanche 25 juillet, les ordonnances furent lues à Saint-Cloud, dans un dernier Conseil tenu en présence du Dauphin, sous la présidence du Roi, qui les signa après quelques instants de recueillement et au milieu d'un solennel silence. Chacun des ministres prit la plume pour remplir la même formalité, après s'être respectueusement incliné devant le monarque auquel il venait de dévouer sa liberté et sa vie. M. de Guernon-Ranville accomplit avec un généreux courage le seul acte de faiblesse qui dût peser sur ses souvenirs. Il n'avait pu se résoudre à déserter, en présence du péril, le poste de la fidélité. Qui sait pourtant ce qu'eût produit, à ce moment suprême, un divorce noblement motivé avec ce groupe de conseillers loyaux, sincères, mais mal éclairés sur le caractère actuel de l'opposition qu'ils avaient à combattre, et dont ils allaient grossir la résistance par l'étendue immodérée de leur provocation !

En retournant à Paris, M. de Guernon-Ranville et M. de Montbel traversèrent à pied le bois de Boulogne. L'enjouement habituel de leur conversation avait fait place à des pensées sérieuses et tristes. « Nous venons, dit M. de Ranville à son collègue, d'en-

gager une partie dans laquelle nous avons mis nos têtes
pour enjeu ; mais, quoi qu'il arrive, notre conscience
est tranquille, car nous n'avons en vue que le service
du Roi et le bonheur de la France. » Et les deux in-
terlocuteurs donnèrent le change à leurs appréhensions par la douce perspective de quitter le pouvoir
sitôt après l'issue de cette formidable crise.

La promulgation des ordonnances, accueillie
d'abord avec plus de stupeur que d'irritation, n'excita
que graduellement cette effervescence populaire qui
devait aboutir à une révolution. Tout dut faire supposer que ce coup-d'État aurait le même succès que
ceux qui l'avaient précédé, et rencontrerait une égale
indifférence dans la masse de la population. Les sa-
lons de Paris manifestèrent des impressions très-va-
riées, mais généralement peu menaçantes. Ceux du
ministère de l'instruction publique, ouverts le lundi
à la foule des solliciteurs et des courtisans, offrirent
une affluence inaccoutumée, et le ministre y reçut
avec surprise les félicitations de bon nombre de personnes notoirement réputées pour appartenir au parti
libéral. Mais les violences exercées contre les impri-
meurs des journaux, les provocations répétées des
agitateurs, les encouragements de la magistrature con-
sulaire, la mollesse plus ou moins calculée de la répression armée, l'insuffisance numérique, la neutralité et
bientôt la défection des troupes de ligne, le licenciement
des corps et métiers, qui fournit à la sédition une milice
formidable, le déploiement progressif des couleurs
révolutionnaires : tous ces éléments réunis produi-
sirent, dans la matinée du 28 juillet, une conflagra-

tion générale à laquelle les ministres n'opposèrent
que des mesures tardives. La capitale fut mise en
état de siége, et le maréchal Marmont, investi de pou-
voirs illimités, notifia ces résolutions au peuple de
Paris par une proclamation dont M. de Guernon-
Ranville fut le rédacteur ; mais cette proclamation ne
put être affichée que dans un rayon fort restreint.
Hors d'état, par l'insuffisance de ses forces, de con-
centrer la révolte dans son propre foyer, le maréchal
mit six colonnes en mouvement sur divers points ; mais
leur marche, contrariée par des obstacles et des périls
sans nombre, n'amena aucun résultat utile. L'insurrection, alimentée par des renforts successifs, con-
quit par la durée même de la lutte un avantage moral
qui parut s'affaiblir dans la soirée du 28, mais pour
se déclarer avec une nouvelle intensité dans la matinée du 29.

Les ministres s'étaient réunis aux Tuileries dans
une pièce attenant au cabinet du maréchal, soit
parce qu'ils ne se trouvaient plus en sûreté dans leurs
hôtels, soit afin d'être plus en mesure de pourvoir
aux nécessités de la situation. Leur premier soin fut
de faire distribuer des vivres et des munitions aux
troupes, qui en étaient totalement dépourvues. Ils dé-
libérèrent ensuite sur les moyens de prévoir l'extension
du mouvement insurrectionnel qui menaçait ouvertement l'existence de la monarchie, et jugèrent qu'une
grande concession était indispensable. Il fut décidé
qu'on proposerait au Roi le retrait des ordonnances
et la dissolution du cabinet, et les ministres partirent
immédiatement, à cet effet, pour Saint-Cloud. Le maréchal, en se séparant d'eux, leur donna l'assurance

formelle qu'il tiendrait pendant quinze jours « contre Paris entier » dans la position qu'il occupait, même sans avoir besoin de nouveaux renforts.

Cette affirmation devait être promptement démentie par les événements. Un inexplicable malentendu avait replié sur les Tuileries les Suisses, qui occupaient les bâtiments du Louvre, et les troupes, cédant à l'irruption populaire, s'étaient retirées en désordre sur les Champs-Élysées et le bois de Boulogne, où le maréchal avait essayé de les rallier. Lui-même vint confirmer au Roi la nouvelle de cette fatale péripétie avec les démonstrations d'une vive douleur.

Ce fut sous l'impression de ces nouvelles désastreuses que le Conseil s'assembla pour soumettre au Roi les résolutions concertées peu d'instants auparavant. Charles X entretint ses conseillers de la proposition que deux pairs, MM. de Sémonville et d'Argout, venaient de lui soumettre au moment même, et qui consistait dans le retrait des ordonnances et le renvoi des ministres, sous la promesse de faire solliciter cette concession par les grands corps de l'État, et moyennant la condition d'une amnistie générale.

M. de Guernon-Ranville, qui avait coopéré aux dernières résolutions, crut devoir combattre comme indigne de la royauté l'espèce de capitulation qui lui était proposée par des hommes sans pouvoir et sans mandat. « Cette transaction, acceptable hier, dit-il, lorsqu'il s'agissait d'arrêter à tout prix l'effusion du sang, ne serait plus aujourd'hui qu'une lâcheté gratuite. Quelle apparence y a-t-il que les révoltés, maîtres en ce moment du palais des rois, ne repousseront pas avec dédain le sacrifice qu'on vient leur offrir ? Il y a, d'ailleurs, une exagération manifeste à prétendre que la monarchie est renversée par le succès du mouvement révolutionnaire de Paris. La majorité de l'armée est fidèle, et si la royauté ne s'abandonne pas elle-même, elle triomphera de cette nouvelle tentative révolutionnaire. Si pourtant, conclut M. de Ranville, le génie du mal doit encore une fois l'emporter, si le trône légitime doit encore une fois tomber, qu'il tombe du moins avec honneur; *la honte seule n'a pas d'avenir.* » M. de Guernon-Ranville adopta toutefois la proposition de maintenir la Chambre nouvellement élue; cette ordonnance étant conforme à la légalité, le roi devait conserver l'avantage d'une telle position.

Mais le désir de sauver la famille royale des dangers auxquels elle était exposée l'emporta sur toute autre considération. Le Conseil se prononça hautement pour le rappel des ordonnances du 25 et pour la formation d'un ministère dans lequel entreraient le duc de Mortemart, le général Gérard et M. Casimir Périer.

Le cabinet étant dissous, chacun des membres fut averti d'aviser à sa sûreté personnelle que menaçaient également l'irritation populaire et le mécontentement des familiers de Charles X, outrés des concessions qu'on venait d'arracher au Roi. La duchesse de Berri témoignait hautement sa désapprobation, et M. de Guernon-Ranville étant allé prendre congé d'elle, cette princesse le pressa de formuler un plan de résistance que l'ex-ministre traça sur-le-champ et qu'il alla, d'après ses ordres, soumettre

au Dauphin, chargé par Charles X du commandement général des troupes. Ce plan consistait à occuper les hauteurs de la capitale avec de l'artillerie
en s'emparant des cours de la Seine et de la Marne,
à briser les télégraphes autour de Paris, puis à con-
voquer à Tours ou à Blois les Chambres législatives,
le corps diplomatique et les grands corps de l'État,
et à s'y occuper des moyens de combattre ouvertement l'insurrection. Le Dauphin parut goûter ces
dispositions, et annonça qu'il allait en faire part au
Roi.

Mais l'indécision de Charles X, qui passait alter-
nativement de l'espoir au découragement, l'avorte-
ment de la médiation officieuse de MM. de Sémonville
et d'Argout, et de la mission officielle tardivement
confiée au duc de Mortemart, l'esprit de désordre et
de division et le défaut d'ensemble qui se glissent
inévitablement dans les grandes crises, des germes
marqués d'indiscipline et de défection dans les
troupes, toutes ces causes concoururent à paralyser
tout système de résistance, et la journée du 30
juillet s'écoula au milieu de la plus déplorble inac-
tion. Cependant, dans une conférence sommaire
tenue le lendemain à Trianon, où le Roi s'était retiré,
M. de Ranville renouvela son insistance, et l'on se mit
en devoir de dresser les actes destinés à manifester
ces résolutions suprêmes de la couronne, lorsque les
membres du cabinet furent informés que la famille
royale se préparait à partir pour Rambouillet afin,
disait-on, d'aviser plus librement aux résolutions à
prendre. C'était le commencement de la retraite.

Les signataires des ordonnances durent songer

dès lors à s'éloigner, soit dans l'intérêt de leur sûreté, soit pour ne pas compromettre par leur présence le salut de la famille royale et de son entourage. Mais aucun d'eux ne savait dans quelle direction porter ses pas, et M. de Ranville flottait dans la plus cruelle perplexité, lorsqu'en passant près de lui, le prince de Polignac lui glissa rapidement l'avis qu'on se dirigeait sur Tours. Bien que très-vague, cette indication ranima son courage. Il se détermina à partir pour Rambouillet avec M. Chantelauze dans une des voitures de la suite du Roi, espérant que Charles X adopterait les mesures de résistance qui lui avaient été proposées. M. de Ranville, qui connaissait personnellement plusieurs officiers de la garde royale, conçut même l'idée de demeurer quelque temps auprès de son vieux maître sous le déguisement d'un soldat de ce corps. Mais un obstacle imprévu fit échouer ce dernier stratagème de sa fidélité. L'état maladif de M. Chantelauze ne lui permit pas de s'en séparer, et tous deux, après une méchante nuit de cabaret, prirent la direction de Tours le lendemain, dès cinq heures du matin.

L'ex-garde des sceaux de France, affectant la modeste profession de colporteur, s'était procuré un passeport tellement informe qu'il jugea plus prudent de le détruire. Celui de son collègue était parfaitement en règle, avec un signalement assez conforme pour écarter les soupçons. Au bout de quatorze mortelles heures d'une marche retardée à chaque pas par les souffrances de M. Chantelauze, les deux fugitifs atteignirent Chartres, non sans avoir recueilli plus d'un témoignage de l'exaspération populaire contre le gouvernement royal et en particulier contre le dernier ministère ; une forte partie de cette irritation s'adressait aux évêques, qu'on accusait généralement des incendies qui avaient désolé le nord-ouest de la France. Ils couchèrent à Chartres et partirent le lendemain pour Châteaudun, dans une misérable carriole, en compagnie de deux bonnes sœurs de charité, d'un cuirassier de la garde, qui avait abandonné sans façon son régiment, d'une vivandière et d'un petit marchand mercier de Rouen. Ce dernier les entretint de la révolution prête à s'accomplir, avec une prolixité et une candeur d'optimisme dont ils auraient souri dans des circonstances moins graves. Ce fut sur la route de Châteaudun à Tours que commencèrent pour les deux ministres de sérieuses inquiétudes. Une dame qui prit place dans leur carriole leur dépeignit la ville de Tours comme livrée à une extrême effervescence ; la révolution y était faite et la garde nationale organisée. Dans l'espoir de découvrir le général Donnadieu, qui avait pris la fuite après avoir essayé de comprimer le mouvement, on soumettait les voyageurs à l'inquisition la plus rigoureuse. MM. Chantelauze et de Ranville durent essayer de coucher dans un faubourg de la ville avec le dessein d'y pénétrer le lendemain matin en simples promeneurs. Ils mirent pied à terre dans un village, à une demi-lieue de Tours ; mais à peine s'étaient-ils engagés dans une rue dont ils ignoraient la direction, qu'ils furent entourés de cinq ou six hommes armés qui, après les questions d'usage, les conduisirent devant le maire de la commune. Ce dernier se trouva être un paisible fonctionnaire fort disposé à laisser les deux inconnus continuer leur route ; mais les gendarmes improvisés se montrèrent moins accommodants : ils murmurèrent l'arrestation récente « de Peyronnet, avec une charge de billets de banque », arrestation encore ignorée de ses deux collègues et qui retentit à leurs oreilles comme un coup de tocsin. On les enferma dans une auberge du village, en les avertissant qu'ils seraient interrogés le lendemain matin par les chefs de la garde nationale et les autorités de Tours.

Ils furent, à leur arrivée, conduits provisoirement dans la maison d'arrêt. M. de Guernon-Ranville subit sans encombre l'épreuve de sa comparution devant un substitut du parquet, et se tira heureusement de l'articulation de la signature portée sur son passeport. Ordre fut donc donné de le mettre en liberté ; mais cet ordre fut presque aussitôt révoqué par l'effet d'un incident étrange. Las d'être traité comme un malfaiteur, M. Chantelauze s'était fait connaître, et son compagnon ne pouvait plus, dès lors, être traité comme un personnage sans conséquence. Un officier de la garde nationale, appelé Gasnier, et M. Bellenger, ancien employé supérieur des finances, mirent un zèle extrême à le convaincre qu'il n'était pas l'individu signalé sur son passeport. Enfin, on le présenta à un homme qui l'avait connu procureur général à Limoges. Celui-ci affecta de le méconnaître ostensiblement ; mais l'absence de toute information ultérieure sur l'individualité de l'ancien ministre l'avertit assez qu'il avait été moins discret envers l'autorité.

M. de Guernon-Ranville fut resserré plus étroitement et soumis surtout à une surveillance nocturne

dont il implora la fin comme celle d'un intolérable sup-
plice. Il put, toutefois, faire parvenir de ses nouvelles
à madame de Ranville, qu'il supposait, avec raison, en
proie à de vives inquiétudes, et recevoir jusqu'à
trois visites du baron de Montmarie, son fils adoptif.
Devenu, peu de jours après, maire de Tours, M. Bellenger crut devoir, « pour des motifs, dit-il, de la plus
haute importance », interdire à ce jeune homme l'accès
de la maison d'arrêt. Mais M. de Ranville réussit
à continuer sa correspondance avec sa famille, au
moyen des intelligences que lui ménagea une jeune
détenue, sa voisine de chambre, avec une femme
qui venait, de temps en temps, aider au service intérieur de la prison. Cette femme, très-prononcée
contre la nouvelle révolution et touchée d'un vif
intérêt pour l'illustre détenu, fit parvenir exactement
ses lettres à madame de Ranville, et ces communications apportèrent de précieux adoucissements aux
rigueurs et aux vexations de sa captivité.

Ce fut dans les prisons de Tours que l'infortuné
ministre apprit la double abdication de Charles X
et du dauphin, dernière et déplorable concession
arrachée à la faiblesse du vieux Roi, qui procurait un
chef à la révolution triomphante, dans la personne
du duc d'Orléans. Le nouveau gouvernement s'éta-
blissait en violation du principe auquel il avait dévoué sa vie entière !

L'impression douloureuse que M. de Ranville res-
sentit de ces nouvelles n'était pas dissipée lorsque,
dans la nuit du 25 au 26 août, on lui annonça que,
sous un quart-d'heure, il allait être transféré à
Paris. Il s'habilla à la hâte et prit place dans la ro-

tonde d'une vaste diligence, dont les deux autres compartiments étaient occupés par MM. de Peyronnet et Chantelauze et par plusieurs officiers de l'état-major du général Lafayette ; une douzaine de gardes nationaux garnissait l'impériale. Le voyage s'accomplit avec assez de calme, excepté à Chartres, où, du milieu d'un attroupement populaire, quelques furieux, que ne purent calmer les exhortations d'un des officiers, s'écrièrent qu'il fallait couper les traits des chevaux, ce qui eût exposé les trois ministres à de graves dangers. Mais le postillon se hâta d'enlever la voiture, qui tourna Paris et s'arrêta devant le château-fort de Vincennes, dans la matinée du 27 août.

Les trois prisonniers furent mis au secret, et M. de Ranville occupa au haut du donjon une chambre d'environ sept pieds carrés, éclairée par une fenêtre percée dans un mur de dix pieds d'épaisseur, garnie d'un double et épais grillage. Le secret fut levé après le premier interrogatoire que les commissaires de la Chambre des députés firent subir aux détenus. M. de Ranville en profita pour faire parvenir à sa femme un petit billet ouvert, puis il écrivit dans son Journal les lignes suivantes que je transcris sans commentaire :

« La révolution l'emporte encore une fois ; la légitimité qui s'est abandonnée elle-même est de nouveau proscrite et exilée, et nous, entraînés dans la chute du trône, nous voilà exposés à payer de notre vie une tentative désespérée, faite pour sauver le principe hors duquel la France ne peut attendre ni repos ni prospérité. Peut-être, probablement même, nous succomberons dans cette terrible épreuve, soit sous le coup d'une condamnation que le parti triompha-

teur saura bien sans doute arracher à la pusillanimité
de nos juges, soit par les mains d'une populace exas-
pérée. Mais notre sang ne sera pas inutile à la cause
que nous avons défendue jusqu'au dernier moment,
s'il sert à prouver aux Français et aux rois de l'Europe que les révolutions ne peuvent s'asseoir que sur
des cadavres. Quoi qu'il arrive, mon sacrifice est fait ;
en signant les ordonnances, je savais que j'entrais
dans une partie où je devais mettre ma tête pour enjeu. Il n'est plus temps de disputer avec le gagnant,
et, comme un gladiateur vaincu, il ne me reste qu'à
*mourir avec grâce*. Je tâcherai de n'y point faillir. »

Il fallut cependant songer à défendre, devant la justice du pays, cette vie qu'avait épargnée jusqu'alors
l'exaspération populaire.

Mis en prévention comme ses collègues pour crime
de haute trahison envers l'État, M. de Guernon-Ranville se trouvait en présence d'un double écueil. La
Cour des pairs lui paraissait évidemment incompé-
tente, soit à raison de la mutilation arbitraire qu'elle
avait récemment subie, soit parce que l'atteinte
portée à l'inviolabilité royale dégageait virtuellement
la responsabilité ministérielle (1). Comparaître et se
défendre devant un tel tribunal, n'était-ce pas accepter pour juges « des commissaires de fait sans
aucun caractère juridique ? » A quoi bon, d'ailleurs,
combattre une accusation dont le succès était assuré
d'avance, soit aux exigences de la multitude, soit

(1) Voir les *Questions de juridiction parlementaire*, par M. de
Peyronnet (Paris, 1831), où ces deux points de droit politique sont
traités avec une remarquable supériorité.

aux nécessités légales du gouvernement successeur
de la Restauration? Aussi la première pensée du noble
captif était de renoncer à toute défense proprement
dite, et de se borner à exprimer, par quelques mots
adressés à ses juges, son opinion sur l'étendue de
leurs droits et sur la nature de la cause. Mais il ne
fut pas libre de suivre cette inspiration. Sa détermi-
nation fléchit devant les instances de ses amis et les
illusions touchantes d'une épouse éplorée, qui se
persuadait que sa défense, habilement présentée,
pourrait être couronnée de succès (1).

(1) Cet acte de condescendance était plus apparent que réel, et
M. de Ranville conserva jusqu'au bout le désir de garder en face
de ses juges l'attitude d'un vaincu, et de répudier le langage d'un
accusé qui repousse en justice réglée une inculpation légalement
intentée. J'ai sous les yeux le croquis d'une brève allocution qu'il
se proposait d'adresser à la Cour des pairs. On jugera du ton général de ce discours par le fragment suivant, que j'extrais des pa-
piers politiques de M. de Ranville : « Je ne me reconnais point,
disait-il à la Cour, le caractère d'un accusé, dans le sens de la loi ;
je ne puis vous reconnaître le droit de me juger, je n'ai donc point
à me défendre devant vous. Je vois ici une réunion d'anciens pairs
du gouvernement légitime, pairs en expectative du gouvernement
révolutionnaire, mais je n'y puis voir le tribunal auguste auquel la
Charte attribuait exclusivement le jugement des ministres accusés;
en un mot, je vois ici beaucoup d'hommes honorables, mais je n'y
vois pas un seul juge... Dans un funeste combat entre la légitimité
et la révolution, celle-ci a triomphé : serviteur de la légitimité, j'ai
succombé avec elle, je suis votre prisonnier, vous pouvez abuser de
vos avantages et prendre ma vie, mais je ne m'abaisserai point à
vous la disputer. »
Les judicieuses exhortations de M. Crémieux, à qui l'ex-ministre
communiqua le projet de cette allocution, la veille même du jour où
il devait la prononcer, le portèrent à s'en abstenir. Il fit sagement :

Une difficulté plus délicate dérivait de la position particulière de M. de Guernon-Ranville. Adversaire déclaré des ordonnances, sinon en principe, au moins quant à l'opportunité de leur promulgation, pouvait-il convenablement dévoiler à ses juges l'attitude d'opposition qu'il avait prise dans le cours des débats ministériels? Ce système de défense n'impliquerait-il pas la condamnation plus ou moins indirecte de la ligne de conduite que ses collègues avaient suivie ? Ne tendrait-il même pas à faire remonter jusqu'au trône l'espèce de blâme dont il couvrirait les derniers actes des conseillers de la couronne? M. de Guernon-Ranville adopta un système d'explications qui lui parut concilier les convenances les plus irréprochables avec les austères exigences de la vérité. « Je n'ai jamais su, dit-il aux commissaires de la Chambre des députés, faire de distinction entre la morale publique et la morale privée ; le Roi ne pouvait porter atteinte à la Charte constitutionnelle sans violer ses serments, et je n'aurais jamais consenti à signer les ordonnances, si je n'avais cru qu'elles étaient suffisamment autorisées par l'article 14. Je n'approuvais pas, il est vrai, les restrictions qu'on voulait apporter au droit des électeurs, et cette seule considération me détermina à combattre le principe

un tel langage était en dissonance complète avec l'état des esprits, et n'eût servi qu'à aigrir les dispositions de la Cour et de la population. Cet incident m'a paru digne d'être recueilli, comme une preuve que l'énergie du caractère de M. Guernon-Ranville n'avait point fléchi sous le poids de ses revers, et en présence des éventualités plus ou moins graves dont son avenir était menacé.

de l'ordonnance sur le système électoral. Quant à l'ordonnance sur la presse, elle n'avait pour objet que de suspendre l'exécution d'une loi, mesure qui, dans les cas d'urgence et lorsque le salut de l'État se trouve compromis, ne me semble pas excéder les limites de la prérogative royale. Cependant, je l'ai de même combattue par le motif que le cas d'urgence ne me paraissait pas suffisamment avéré; j'émis dans le Conseil l'opinion, qu'il convenait de laisser réunir les Chambres le 3 août, et de leur proposer les améliorations dont la législation sur la presse me paraissait susceptible. »

M. de Ranville hésita quelque temps sur le choix de son défenseur. Les instances pressantes d'un de ses plus fidèles amis, M. Rocher, conseiller à la cour de cassation, fixèrent enfin sa préférence sur M. Crémieux, avocat qu'un talent distingué destinait à remplir plus tard un rôle important dans nos révolutions politiques. M. Crémieux appartenait au libéralisme le plus avancé ; mais le noble accusé ne tarda pas à reconnaître en lui une incontestable élévation de sentiments, et la plus entière cordialité signala bientôt les rapports qui s'établirent de l'un à l'autre. Dès leur première conférence, M. de Guernon-Ranville lui déclara « qu'il n'entendait pas qu'il sortît de la bouche de son défenseur un seul mot irrespectueux pour le roi Charles X ou désobligeant pour ses collègues, dont la cause était la sienne, et que si, de son opposition aux ordonnances, il croyait pouvoir tirer quelques arguments en sa faveur, il y mettait la condition expresse, que ce serait sans qu'il en résultât la moindre insinuation défavorable à ses cosignataires. » M. Crémieux parut acquiescer à ces recommandations sans difficulté.

Les débats de ce grand procès s'ouvrirent le 15 décembre. Le langage des quatre accusés fut, comme on devait s'y attendre, digne et réservé. Ils se montrèrent discrets et respectueux envers leur maître absent et malheureux. Pas une parole d'impatience ou d'allusion à l'abandon auquel les avait voués le faible monarque, qui s'était abandonné lui-même, à l'heure décisive pour la monarchie. M. de Guernon-Ranville reproduisit dans ses réponses les explications qu'il avait présentées dans le cours de l'instruction. Mais il se passa à la dernière séance un incident digne de remarque. M. Crémieux n'avait observé qu'avec peine, jusqu'alors, les restrictions imposées à son système de défense. Il aspirait vivement à se prévaloir de la position particulière que M. de Ranville s'était faite par son opposition aux ordonnances, et paraissait croire au succès de cette tentative. Lorsque les déclarations des ministres et les premières plaidoiries eurent nettement fixé la différence du rôle que chacun d'eux avait rempli dans ce drame funeste, M. Crémieux, prêt à prendre la parole, insista de nouveau, et se tournant vers l'accusé : « J'espère maintenant, lui dit-il, que vous reconnaîtrez qu'un abîme sépare votre cause de celle de vos collègues. » M. de Ranville répondit sur-le-champ par ces lignes tracées au crayon sur un chiffon de papier, qui arriva à M. Crémieux en passant par les mains de ses trois confrères : « Une défense qui me compromettrait vis-à-vis de mon parti et surtout de mes collègues, me perdrait infailliblement ; car je serais forcé de parler moi-même et de vous démentir. Un seul mot : j'aimerais mieux mille fois être condamné, et condamné seul, que de souffrir que de ma défense résultât rien de fâcheux pour les autres ou de peu honorable pour mon caractère de royaliste toujours dévoué. » Déconcerté par un *veto* aussi absolu, l'éloquent orateur commença un discours dont les derniers accents s'éteignirent sous le poids de la contrariété sensible qu'il venait d'éprouver.

Ce morceau se distingua surtout par un ton de franchise et de virilité qui ne retranchait rien à la sollicitude du jurisconsulte auquel M. de Ranville avait confié ses plus chers intérêts. Mais cette désignation apporta à la cause des ministres un secours inattendu, et la personne même du défenseur vint en aide à la défense. Nourri de tous les préjugés de l'école libérale contre la branche aînée des Bourbons, M. Crémieux n'y dissimulait point sa répulsion pro fonde pour le régime de 1814, aussi antipathique à la nation, s'il fallait l'en croire, que la nation l'était à ce régime lui-même, et il s'applaudissait hautement d'une révolution qui rendait à la France « la paix et le bonheur. » Ainsi parlait l'un des principaux organes du parti qui, pendant quinze ans, n'avait cessé de combattre à force ouverte ou de miner par d'astucieuses attaques le gouvernement de la Restauration. Le cabinet du 8 août était-il donc si coupable d'avoir tenté un effort suprême pour soustraire le trône légitime à un système d'hostilité aussi implacable et aussi persévérant ? M. Crémieux fit ressortir avec soin, d'ailleurs, tout ce qu'avait offert de noble, de ferme et de désintéressé la vie entière de son client. Il produisit une adresse du barreau de Caen à la Cour des pairs, où ces mérites étaient affirmés avec les recommandations les plus pressantes en faveur de l'illustre accusé. Celui-ci renonça à faire entendre quelques explications qu'il tenait en réserve, et ce silence parut un hommage implicite à la solidité de l'argumentation que sa cause avait inspirée.

Ces généreux efforts ne purent prévaloir contre le courant des esprits et contre le fait matériel de la participation de M. de Ranville à un coup d'autorité condamné d'avance par son insuccès. Le 21 décembre, la Cour des pairs, à cent quarante voix, le frappa d'un emprisonnement à vie, aggravé de toutes les rigueurs civiles qui servent de cortége aux condamnations perpétuelles.

Le dévouement courageux de M. de Montalivet et la ferme attitude de la garde nationale sauvèrent de l'exaspération populaire les quatre ministres, qui parurent avoir été trop ménagés par la Cour des pairs. Cette extrême agitation qui, pendant quelques jours, menaça les fondements du nouveau trône, se calma insensiblement, et les condamnés furent transférés, quelques jours plus tard, sans incident notable, au château de Ham. Lorsque le lieutenant-colonel Delpire, qui commandait ce fort, consulta le général Daumesnil, gouverneur de Vincennes, sur la confiance qu'il devait avoir en ses prisonniers, ce général répondit : « Je ne connais point assez MM. de Polignac et Chantelauze pour pouvoir vous en parler ; mais MM. de Peyronnet et de Guernon-Ranville vous donnent leur parole, vous pouvez y croire, alors même qu'il s'agirait de les laisser aller dans la ville. »

Quels sentiments remplirent l'âme de M. de Guernon-Ranville en entrant dans cette forteresse, où il devait expier par une longue captivité la revendication d'une solidarité généreuse dans les fautes et les malheurs de la monarchie? Son Journal est muet à cet égard. Mais ces sentiments se réfléchissent avec fidélité dans une lettre par laquelle M. Crémieux répondait, le 9 janvier 1831, aux premiers épanchements de l'illustre condamné :

« Votre résignation, ou plutôt votre inébranlable fermeté me fait du bien, mon cher et malheureux client ; je reconnais dans votre lettre tout votre caractère, et je voudrais pour tout au monde pouvoir persuader à ceux qui vous jugent sévèrement, qu'il n'y a dans le fond, entre vous et nous, qu'une différence dans des *accessoires*, non dans le fond. Mais le moment de la vérité n'est pas encore venu, et, permettez-moi de le dire (ce sera pour la dernière fois), vous l'avez retardé. Il n'a pas tenu à moi que la cause de M. de Guernon-Ranville se détachât absolument de la cause des autres ministres de Charles X. Il me semblait que votre rôle était bien différent du leur, et la pensée de vous réunir à eux dans le malheur est plus chevaleresque assurément que bien raisonnée; elle a pu entraîner votre générosité, elle ne forcera pas votre raison, et vous me le direz un peu plus tard. Peut-être un jour vous enverrai-je toute tracée la plaidoirie que vous m'avez empêché de prononcer. Vous y verrez, à côté de tout ce que m'inspiraient sur la Restauration mes idées nettes et tranchées de libéralisme, les arguments que m'offrait pour vous le plan large et décidé que j'avais cru nécessaire pour vous comme pour moi. »

En débarquant au château de Ham, les quatre prisonniers se virent confinés dans deux pièces d'une dimension médiocre. Le prince de Polignac fut logé avec M. Chantelauze, et M. de Guernon-Ranville partagea la chambre de M. de Peyronnet. Mais ils ne tardèrent pas à occuper chacun un appartement séparé. Si cette distribution n'étouffa pas les germes de mésintelligence que la diversité des situations, les nuances de caractère, les sujets de récriminations respectives et surtout les ennuis de la captivité, ne tardèrent pas à développer parmi ces défenseurs de la même cause, elle contribua du moins à en tempérer l'amertume en leur épargnant la gêne d'un contact habituel. Les familles des prisonniers vinrent s'établir dans la petite ville de Ham et purent communiquer avec eux.

La captivité ne mit point M. de Guernon-Ranville à l'abri des attaques de ses ennemis. Au mois de février 1833, un libelliste anonyme, s'attribuant le grade d'officier dans la garnison de Ham, ne rougit pas de diffamer l'illustre prisonnier dans une plate et injurieuse diatribe que reproduisirent quelques feuilles amies du scandale, et dont le manuscrit lui fut communiqué sous le couvert du *Pilote du Calvados*. Les rédacteurs de ce journal, depuis longtemps hostile à l'ancien ministre, comme on sait, désavouèrent toute part à cette communication malveillante avec un empressement et dans des termes qui leur firent honneur.

Des satisfactions également précieuses lui furent offertes par d'autres représentants de la presse libérale. La *Biographie des hommes du jour* consacra à l'ancien conseiller de Charles X un article étendu où, parmi quelques erreurs de fait, l'élévation, la droiture et la bienveillance de son caractère étaient dignement appréciées, et l'auteur, M. Sarrut, ne craignit pas d'étendre collectivement ces sentiments de justice aux auxiliaires d'un régime ouvertement antipathique à ses idées. « Cette unité de pensée et de conduite, propre, disait-il, à la plupart des hommes *qui s'étaient livrés aux princes de la Restauration ;* cette abnégation de soi dans les serviteurs d'un Roi, qui frappe plus particulièrement aujourd'hui, il ne faut pas craindre de le reconnaître et de l'avouer, tout cela tenait à une foi sincère ; tous ces hommes avaient une conscience. Que le pays regrette la mauvaise application de cette conscience : *nous partageons l'opinion du pays ;* mais enfin elle était d'un bon exemple. Qu'avons-nous vu depuis.... ! » La sincérité d'un tel hommage, adressé aux serviteurs d'un régime qu'on réprouve aussi catégoriquement, ne saurait être révoquée en doute.

Ces douloureuses années de captivité ne furent point perdues pour l'esprit actif et laborieux de M. de Guernon-Ranville. Son courage réussit à surmonter, à tempérer du moins, les accès de désespoir qui, dans les âmes les plus fermes, accompagnent inévitablement la privation prolongée de la liberté. Une lecture assidue, l'étude pour la première fois entreprise des arts du dessin et de la langue italienne ; de courtes promenades sur l'étroite courtine de la forteresse, des parties d'échecs journalières avec M. Chantelauze, les visites fréquentes de sa famille et de ses amis ; une correspondance assidue, précieuse conversation de l'absence, avec ceux que n'avait éteints ni la mort, ni l'ingratitude ou l'oubli : telles furent les distractions qui concoururent à abréger les lentes heures de sa réclusion. On jugera plus tard, par les circonstances qui précédèrent sa libération, que cette âme, si fortement trempée, n'avait rien perdu de son énergie par ce long contact avec l'adversité.

La consigne observée au château de Ham était sévère, comme on doit le supposer, et ce régime, si nouveau pour des hommes habitués à toutes les facilités, à toutes les délicatesses de la vie civilisée, mit à plus d'une épreuve leur patience et leur résignation. Les détenus prenaient leurs repas en commun, mais sans pouvoir admettre à leur table aucune personne du dehors, pas même leurs parents les plus proches. Ils devaient être impérieusement rentrés et renfermés dans leurs chambres à neuf heures du soir, et les visiteurs, dont les permissions, toujours individuelles, subissaient pour chaque entrevue le contrôle et le visa du commissaire de police de Ham, ne pouvaient être introduits que de midi à cinq heures.

Ces prescriptions, il faut le reconnaître, n'excédaient pas sensiblement les règles de discipline en vigueur dans les prisons d'État. Elles eussent été tolérables sans les vexations de détail dont le commandant Delpire semblait se plaire à les aggraver, et qui, par une fatalité inexpliquée, s'adressèrent de préférence à M. de Guernon-Ranville et à sa famille.

Madame la comtesse de Ranville n'avait obtenu que très-difficilement la faveur de continuer, pendant quelques nuits, les soins journaliers qu'elle donnait à son mari malade. Elle-même, ayant été récemment indisposée, ne put se faire accompagner au château par sa femme de chambre : l'inofficieux commandant offrit ironiquement de suppléer ses services par ceux des gardiens du fort. Le jeune baron de Montmarie, qui partageait habituellement avec sa mère le séjour de Ham, sollicita la permission de vaquer à quelques exercices d'escrime avec son beau-père ; elle lui fut durement refusée. Enfin, le commandant Delpire encourut le reproche d'avoir, par l'abus très-condamnable d'un privilége attaché à ses fonctions, divulgué la correspondance de ses prisonniers, avant de la leur faire remettre.

Ces griefs accumulés développèrent, de M. de Guernon-Ranville à M. Delpire, une animosité qu'envenimèrent les indiscrétions de la presse ; une correspondance très-vive s'établit entre eux, et, du sein de ces communications irritantes, l'irascible commandant laissa jaillir l'aveu qu'il était auteur de l'injurieux libelle qui avait jeté tant d'amertume dans l'âme de son prisonnier !

Bornons ici ces tristes détails qui se retrouvent dans la plupart des récits de captivité, au Temple, à Sainte-Hélène, comme au château de Ham, et qui prouvent qu'en tout temps et dans tous les partis, les mêmes passions produisent les mêmes effets.

Des démarches plus ou moins directes auprès du gouvernement avaient été entreprises depuis 1832, pour la délivrance de M. de Ranville, à l'instigation de sa famille et de ses amis. Ces démarches avaient été attentivement secondées par le généreux concours de M. Pasquier, président de la Chambre des pairs, du baron Mounier, un des membres les plus éminents et les plus considérés de cette assemblée, de M. Eugène Janvier, député estimable, et de M. Crémieux, qui s'était sincèrement dévoué aux intérêts de son client. Quelques barreaux du royaume les avaient appuyées d'énergiques consultations contre l'illégalité de la procédure instruite à l'égard du ministre et contre la condamnation qui s'en était suivie. Cependant ces premières tentatives n'avaient obtenu aucun succès.

Au mois de mars 1836, M. Sauzet, devenu garde des sceaux dans le cabinet présidé par M. Thiers, songea à profiter de son passage au pouvoir, dans l'intérêt du client qu'il avait défendu avec tant d'éclat, et dont il devait, plus tard, honorer éloquemment la mémoire. Il voulut étendre son entremise au généreux ministre dont il avait pu apprécier le caractère et mesurer l'infortune. M. Sauzet fit engager M<sup>me</sup> la comtesse de Ranville, par l'entremise de M. Rocher, à adresser au chef du ministère la demande d'autoriser son mari à se retirer sur parole dans une maison de santé ou dans sa terre de Ranville. Cette demande, faite à l'insu de celui-ci, ne produisit non plus aucun effet.

Le ministère Molé-Guizot, qui prit, au mois de septembre 1836, la direction des affaires, se montra plus favorable à l'élargissement des prisonniers de Ham ; mais il exigea une demande écrite et directe au chef du gouvernement. Le prince de Polignac et

M. de Guernon-Ranville, que le malheur avait unis d'une étroite intimité, offraient de s'adresser au président du Conseil ; mais ils voulaient éviter, par une supplique adressée au roi des Français, l'emploi de formules compromettantes pour leur caractère.

Au bout de quelques semaines de pourparlers et de négociations, MM. de Peyronnet et Chantelauze, dont la santé se trouvait gravement compromise par six ans de séquestration, cédèrent à l'exigence ministérielle et obtinrent, au mois d'octobre, leur mise en liberté.

Après cet acte de haute et bonne politique, tout faisait supposer que le gouvernement se prêterait, sans trop de difficulté, à briser les fers des deux prisonniers qu'il retenait à Ham. Il fallut cependant négocier encore sur la forme de la demande. Les instances les plus vives, les démonstrations les plus pressantes furent prodiguées à M. de Ranville, dont la situation différait essentiellement, disait-on, de celle de son collègue, que des rapports personnels unissaient plus étroitement à la famille royale. La mort toute récente de Charles X fut également invoquée pour vaincre sa résistance. Un de ses correspondants mit dans la bouche du baron de Vitrolles cet argument qu'il jugea décisif : « Si un chef de brigands me retenait en prison et que, pour en sortir, il fallût l'appeler *Monseigneur*, je me hâterais de le faire. » M. Rocher supplia son illustre ami de se considérer comme un prisonnier de guerre, qui demande à habiter, sur parole, une résidence plus favorable à sa santé, et l'abbé Veyssière, son ancien et fidèle auxiliaire, combattit avec force une espèce de *mezzo termine*, qu'il avait conçu pour ménager l'intégrité de sa foi politique. Cet expédient consistait à accepter la faveur d'un exil hors de France, au moyen d'un simple vœu qui n'impliquerait aucune reconnaissance du pouvoir établi. Tant d'efforts réunis triomphèrent enfin de la longue répugnance de M. de Ranville. Il consentit à signer une lettre au comte Molé, dont le projet, dressé par le ministre ou, selon quelques conjectures, par le Roi lui-même, avait été communiqué par le baron Mounier à M. de Guernon-Ranville et au prince de Polignac. Cette pièce, fort simplement conçue, sollicitait le président du conseil de demander au « roi des Français » un adoucissement au sort des prisonniers. Sa transmission au Roi fut suivie, le 23 novembre, d'une ordonnance qui autorisait le prince de Polignac à habiter partout ailleurs qu'à Paris, et le comte de Guernon-Ranville à résider, sur sa parole, dans sa propriété de Ranville. Cette ordonnance restrictive fut modifiée sur les réclamations réitérées de l'ex-ministre. Mais ce ne fut que le 8 mai suivant qu'il obtint sa libération complète, à la faveur d'une amnistie générale motivée par le mariage du duc d'Orléans. Vivement blessé de la restriction ombrageuse à laquelle il était soumis, après avoir passé dans les fers près d'un quart de sa vie, le prince de Polignac alla chercher sur le sol étranger une liberté plus entière.

M. de Guernon-Ranville se confina définitivement dans sa propriété de Ranville, où son séjour ne fut désormais interrompu que par quelques voyages à Paris, par quelques visites dans les localités où ses fonctions l'avaient autrefois fixé. Il aimait à revoir ces lieux, témoins de jours plus heureux, et à rajeunir, dans l'entretien des amis qu'il y retrouvait encore, des souvenirs si cruellement empoisonnés par le contact du pouvoir, de ce *calice d'amertume* qu'il s'était vainement efforcé de détourner de lui. Mais ces besoins de son cœur ne purent le distraire de l'accomplissement d'un devoir sacré, et ses premiers pas se portèrent au sein de cette famille royale, récemment affligée de la mort de son vénérable chef. Il revit, dans tout l'éclat de l'adolescence, ce jeune prince auquel ses généreux efforts n'avaient pu conserver la couronne de ses pères, et obtint la faveur spéciale de constater par lui-même le mérite d'une éducation qui lui parut tout-à-fait en harmonie avec les véritables besoins de la société nouvelle. Dans cette petite cour, vide de courtisans, mais peuplée de serviteurs fidèles, M. de Ranville retrouva avec joie le loyal comte de Montbel, cet indéfectible compagnon de l'exil, dont la tempête de 1830 l'avait si brusquement séparé.

Lorsqu'au mois de décembre 1843, le comte de Chambord, après avoir visité la plus grande partie de l'Europe, se rendit à Londres, et convoqua, à son hôtel de Belgrave-Square, tous ceux des Français qui étaient restés attachés au culte de l'exil et des traditions monarchiques, M. de Guernon-Ranville ne put manquer à cet appel. L'illustre descendant de tant de rois l'accueillit comme un hôte qu'on n'a pas oublié et qu'on aime à revoir. Le prisonnier de Ham rencontra, à Belgrave-Square, ce patriarche des lettres françaises, dont le génie rendait à la cause monarchique tout l'éclat que lui empruntait sa pieuse fidélité. M. de Guernon-Ranville n'avait jamais goûté l'allure gourmée et le prétentieux silence de M. de Chateaubriand. Il ne pouvait oublier la part que ses rancunes personnelles avaient eue à la chute de la monarchie. L'auteur des *Martyrs,* de son côté, s'était toujours exprimé avec légèreté, dans sa conversation et ses écrits, sur le jeune ministre de l'instruction publique. Le pélerinage de Belgrave-Square rapprocha ces deux débris du parti vaincu ; le magistrat normand ne demeura point à l'épreuve de cette espèce d'auréole, que l'illustre écrivain faisait luire, quoi qu'on en eût, partout autour de lui. Il recueillit avidement tout ce que son génie observateur lui inspira de favorable sur les destinées de l'auguste proscrit (1).

Bien qu'il se tînt soigneusement en dehors de toute arène politique, M. de Guernon-Ranville était doué de trop de patriotisme pour assister avec indifférence aux péripéties qui se succédaient rapidement sur le sol agité du pays. La monarchie de juillet venait de disparaître en moins d'heures encore que celle qu'elle avait remplacée. Il jugea avec une généreuse impartialité le roi qui s'exilait, et souhaita sincèrement, sans trop l'espérer, ce rapprochement entre les deux branches de la maison de Bourbon qui, dans les circonstances actuelles, lui paraissait le seul gage raisonnable de la pacification des esprits (2).

La république de 1848 avait aboli le serment poli-

(1) Lettre particulière du 27 décembre 1843.
(2) Lettres des 11 et 17 juillet 1848.

tique. L'ancien ministre profita de cette faculté pour se faire inscrire au tableau de l'ordre des avocats près la Cour d'appel de Caen, où il comptait plusieurs amis dévoués, à la tête desquels il se plaisait à nommer le regrettable M. Thomine-Desmasures. M. de Ranville crut devoir reconnaître ainsi les instances bienveillantes de ce barreau qui, lors de sa sortie de Ham, l'en avait sollicité avec la plus touchante insistance. Il crut répondre surtout à la généreuse intervention que le même corps avait déployée en sa faveur, à l'occasion de son procès devant la Cour des pairs, intervention qui avait rallié toutes les dissidences politiques dans un sentiment commun d'estime et d'intérêt.

M. de Guernon-Ranville vit sans surprise l'établissement démocratique de 1848 disparaître sous le coup-d'État du 2 décembre. Il avait prévu que la France, veuve de son principe traditionnel, oscillerait longtemps encore de l'absolutisme à l'anarchie, avant de retrouver une sérénité de situation compatible avec le libre développement de ses destinées. Il tint hautement compte au prince président de la République, d'avoir retrempé tous les ressorts de l'autorité. Mais il ne tarda pas à déplorer l'abaissement progressif des caractères, la corruption de l'esprit politique par un esprit outré d'ambition et de cupidité, et le débordement effréné des doctrines irréligieuses et fatalistes, non moins subversives de tout ordre normal que les excitations anarchiques auxquelles elles s'étaient substituées. Un système politique fondé sur la tolérance de tels écarts, impliquait, à son avis, l'expression d'un avenir plein de périls pour la société française ; car la gravité d'une situation se juge naturellement par la qualité des procédés et des expédients employés pour la défendre. L'état général de l'Europe n'avait pas moins de part aux appréhensions et aux inquiétudes de l'ancien conseiller de Charles X. Son inflexible moralité se refusait à élever, même en politique, un succès à la hauteur d'un principe, et, dans les témérités impunies du comte de Cavour, il avait prophétisé avec trop de clairvoyance la destruction du droit public européen. Détournée de ses voies originelles, la révolution n'était plus à ses yeux qu'une forme rajeunie de l'éternelle oppression par la force du droit et de la liberté. Mais ce que **M. de Ranville** déplorait par dessus tout, c'était la désunion profonde des esprits ; c'était cette irrémédiable confusion des sentiments et des idées, qui dérobait aux meilleures consciences la véritable perception du droit et du devoir. Et quand il songeait que cet état de décomposition et d'anarchie morale avait eu pour cause, ou au moins pour point de départ, la grande explosion de 1830, il se reprochait amèrement sa participation passive aux derniers actes qui l'avaient déterminée (1).

A ces tristes préoccupations M. de Guernon-Ranville opposa les diversions puissantes du travail et d'une sollicitude active pour tous les intérêts publics. Il avait signalé en 1830, à son rapide passage au pouvoir, sa prédilection pour sa province natale par

(1) Toutes ces appréciations sont extraites de la correspondance particulière de M. de Guernon-Ranville.

diverses améliorations plus ébauchées qu'accomplies. Dépourvu , pour les réaliser , d'un crédit qu'il était loin de rechercher, il ne put se résoudre néanmoins à rester inutile à ses concitoyens. Il ne cessait de tenir à leur disposition de judicieux conseils , qu'il accompagnait , au besoin , d'une assistance aussi solide qu'éclairée dans la direction de leurs intérêts. Cet esprit d'obligeance , qui ne se révélait qu'à travers une certaine brusquerie de manières , formait le fond inépuisable de son caractère. Peu d'hommes ont éprouvé plus de traits d'ingratitude ; peu d'hommes en ont été moins découragés. Sachant combien, en dehors même des passions de parti, il entre de frivolité et d'ignorance dans la plupart des opinions humaines , il s'était habitué de bonne heure à interroger sa conscience, et , dans cette épreuve qui ne trompe guère , il avait conquis une faculté précieuse aux hommes publics de tous les temps et particulièrement du nôtre : celle de savoir supporter l'injustice et de ne chercher que dans son propre témoignage la véritable valeur de ses actions et de ses exemples.

La diversité des connaissances de M. de Guernon-Ranville le mit en mesure de se rendre utile à d'autres titres.

Membre de la Société Linnéenne de Normandie depuis 1829, il avait brigué l'honneur d'appartenir à l'Académie des sciences, arts et belles-lettres de Caen, qui lui avait ouvert ses portes en 1841. Il fut reçu, vers la même époque, membre de la Société d'horticulture de cette ville, de la Société d'agriculture et de commerce, et concourut, plus tard, à la fondation

de la Société pour l'amélioration des races de chevaux en France. Non moins versé dans la notion
des procédés agricoles et dans la science archéolo-
gique que dans l'étude de la législation, M. de Ranville apporta à ces compagnies savantes le tribut d'une
collaboration sérieuse. Mais il suivit, avec un intérêt
de prédilection, les travaux de la Société d'horticulture, qu'il présida jusqu'à une époque voisine de sa
mort, et qui lui dut une impulsion dont le département tout entier a éprouvé les bienfaits. La pensée
de former une association de secours mutuels entre
les jardiniers de l'arrondissement de Caen l'avait
plus d'une fois préoccupé, et il eut la satisfaction
de la réaliser au mois de novembre 1863, après plu-
plusieurs tentatives infructueuses. Cette institution,
placée sous le patronage de la société-mère et sous
la protection spéciale de dames dévouées, fonctionne
activement depuis lors, et a déjà procuré d'immenses
soulagements aux invalides de l'horticulture.

C'est encore à l'esprit d'initiative de M. de Guernon-Ranville que les propriétaires des marais de
Veret, près de Grandcamp, furent redevables du
dessèchement de ce foyer d'infection et de stérilité,
qui, grâce à quelques sacrifices dont il a donné
l'exemple, a fait place à de gras et verdoyants pâtu-
rages, classés aujourd'hui parmi les meilleurs du
pays.

Cette disposition constante et parfois excessive à
encourager toutes les entreprises d'utilité locale,
n'affaiblissait point le dévouement que M. de Ranville
tenait en réserve pour d'autres besoins. Les pauvres
de son voisinage ignorèrent toujours les atteintes

plus ou moins considérables que les événements politiques, des revers imprévus, et, disons-le aussi, quelques spéculations irréfléchies, avaient portées à sa fortune. Jamais leur patrimoine n'en fut diminué, et le bienfaiteur savait rehausser encore le prix de ses libéralités par les exhortations bienveillantes dont il les accompagnait. L'expérience du malheur lui avait enseigné cette fermeté qui redresse les courages, et qui trouve des consolations aux infortunes même les plus désespérées.

M. de Guernon-Ranville avait épousé, en 1817, la veuve du général de Montmarie, née Le Cauchois-Féraud, dont le mari avait été tué à la bataille de Leipzig. Privé du bonheur d'être père, il avait concentré toute sa sollicitude sur le jeune baron de Montmarie, fils de l'héroïque compagne dont la tendresse et le courage s'étaient montrés si fidèles à ses malheurs. Ce fils adoptif, à l'éducation duquel il consacrait tous ses soins depuis sa sortie de Ham, lui fut ravi au mois de mars 1852, à la suite d'une courte maladie. Ce fut la dernière infortune de sa vie. Il devait léguer à Madame de Guernon-Ranville, à un estimable frère (1), son aîné de cinq ans, à une sœur également chère, la douleur de lui survivre.

Grâce à la vigueur de sa constitution et à la trempe exceptionnelle de son caractère, M. de Guernon-Ranville avait atteint un âge avancé sans connaître les infirmités qui, d'ordinaire, pèsent si douloureuse-

(1) M. le comte de Guernon, référendaire à la Cour des comptes, démissionnaire en 1830.

ment sur le déclin de la vie humaine. Cependant, ses dernières années ne furent pas exemptes d'épreuves. Un affaiblissement progressif de l'organe visuel, fruit des longues heures de sa captivité, vint tarir la source de ses plus précieuses consolations. Au commencement de 1866, se déclarèrent des symptômes plus marqués d'altération et de décadence, et ces symptômes acquirent en peu de temps une alarmante gravité. Toutefois, il disputa le terrain pied à pied, et, peu de jours encore avant le terme fatal, le noble vieillard formulait des considérations aussi judicieuses qu'approfondies sur l'enquête agricole, dont il se montrait vivement préoccupé. M. de Guernon-Ranville, dans la même lettre, analysait avec une sérénité parfaite les phénomènes de sa situation physique, qui n'était point un mal défini, mais une prostration générale, et, comme il l'écrivait après Fontenelle, *une difficulté d'être*, présage trop certain d'une fin imminente, dans une telle organisation. Il s'éteignit, en effet, dans la matinée du 28 avril, à la suite d'une agonie sans douleur, après avoir reçu avec ferveur les secours de la religion, à laquelle il avait voué un attachement raisonné qui ne s'était jamais démenti. Ce dernier demeurant des ministres de la Restauration allait entrer dans sa 79ᵉ année.

M. de Guernon-Ranville, qui avait médité et écrit sur une foule de sujets historiques et philosophiques, n'a laissé qu'un seul ouvrage proprement dit. Il avait publié, en 1819, sous le titre de *Recherches historiques sur le Jury*, le fruit de ses méditations touchant une des institutions les plus importantes de notre

société moderne. On rendit généralement justice à
l'érudition dont l'auteur avait fait preuve dans l'expo-
sition des origines de notre pouvoir judiciaire. On ne
s'était montré pas moins frappé de la ferme indépendance avec laquelle il réclamait toutes les garanties que les citoyens étaient en droit d'attendre
de cette magistrature temporairement armée d'un
pouvoir si considérable. Le libre écrivain ne crai-
gnait pas de proclamer que, « considérée dans son
état actuel, déchue de son caractère primitif, » elle
n'était qu'une véritable commission nommée par les
hommes du gouvernement : de sorte que l'accusé,
dont la perte intéresserait l'autorité ou seulement
ses agents, pourrait se trouver aux prises avec des
juges qui, avant de monter sur le tribunal, auraient
reçu tout dressé un arrêt de condamnation, lutte
funeste dans laquelle l'innocence la mieux établie ne
serait qu'un appui frivole. Il insistait particulièrement
sur l'illusion des épreuves auxquelles la loi soumettait la formation du tableau général des jurés, et dé-
montrait qu'elles laissaient des avantages trop marqués aux magistrats prévaricateurs.

Ces vues étaient aussi logiques que libérales, et
M. Bérenger, auteur de la *Justice criminelle,* ouvrage
estimé, qui parut peu de temps après, professa, en
les excédant, les mêmes doctrines. Les garanties
que M. de Guernon-Ranville revendiquait avec tant
de sollicitude en faveur des accusés, lui manquèrent
à lui-même en 1830, à l'heure mémorable où vint
s'agiter la question de sa liberté et de sa vie. Et,
par une dispensation piquante de la fortune, c'est
à l'austère légiste qui avait adopté et même am-

plifié la libéralité de ses théories, à M. Bérenger lui-même, qu'il était réservé de l'accuser devant la juridiction la plus illégale et la plus arbitraire (1) !

Ici doit se borner la mission que m'a dévolue, à son heure suprême, l'homme d'État recommandable, dont l'amitié sera l'honneur, comme elle a fait le charme de mon arrière-saison. Nés en 1838, au sein des éclaircissements historiques que j'étais allé demander à sa confiance, mes rapports avec lui n'ont été, depuis lors, ni altérés, ni interrompus. C'est à mes propres impressions, peut-être, qu'il appartiendrait de compléter cette imparfaite esquisse de ses actes et de son caractère. Mais je me reprocherais de mêler une appréciation personnelle à la simplicité tout historique de mon récit. C'est à la vérité sans ornement et sans commentaire qu'il convient de louer M. de Guernon-Ranville, et de marquer le rang qu'il doit occuper parmi les défenseurs les plus loyaux et les plus éclairés de l'ancien ordre monarchique. Que le spectacle d'une si noble vie ne demeure pas stérile, toutefois, pour la génération qui s'élève ! Qu'elle apprenne, par

---

(1) La discussion des lois de septembre 1835 procura à M. de Guernon-Ranville, cinq ans plus tard, une réparation encore plus catégorique. M. Persil, alors garde des sceaux, formula dans le cours du débat cet aveu remarquable que si, pour sauver la monarchie de 1830, il fallait sortir des limites de la Constitution, les ministres « n'hésiteraient point à le faire. » Déclaration fort légitime, sans doute, mais qui impliquait, dans la bouche même *de leur principal accusateur*, l'absolution légale des ordonnances de juillet, prétexte de l'expulsion de trois générations de rois.

son exemple, qu'en des temps encore rapprochés de nous, le même homme a pu se montrer fidèle à son prince et aux institutions de son pays, et servir à la fois avec une égale dignité, dans des positions diverses, le pouvoir et la liberté !

Caen, typ. de F. Le Blanc-Hardel.